CINQUIÈME PARTIE :
Vous et les autres

SIXIÈME PARTIE :
Grands thèmes du monde contemporain

SEPTIÈME PARTIE :
Suite et fin

Introduction

Vous sentez-vous isolé ? Avez-vous parfois l'impression de ne pas vraiment communiquer avec ceux que vous croisez dans toutes les occasions de la vie quotidienne, au bureau, chez vous, à l'A.N.P.E. ou ailleurs ? Si oui, ce livre est fait pour vous.

Prenons un exemple. Vous êtes au restaurant d'entreprise, et un bavardage cordial s'engage sur l'actualité. Quelqu'un lance : « Quand même, Ayrton Senna [1], c'est moche !... »

Vous avez envie de dire, mon Dieu, bien des choses en somme : des **idées** vous viennent sur le sujet. Par exemple, vous allez dire :

- certes, la mort d'un homme est toujours tragique ; mais on ne peut pas mener des caisses de métal à des vitesses toujours plus démentes sans risquer sa peau et sans en être conscient ; et, au fond, la mort de Senna est dans la logique de son métier ;
- les pilotes automobiles sont payés très cher aussi pour rouler très vite, et c'est pour ça qu'on les regarde à la télé. C'est un peu comme les gladiateurs autrefois...
- on ne peut pas, sous peine d'incohérence, déplorer la mort de Senna et de ses confrères sans remettre en cause tout le système dont ils faisaient partie...

1. Ayrton Senna (1960-1994), coureur automobile décédé en pleine action sur le circuit d'Imola, le 1er mai 1994. Souvenez-vous, c'était il n'y a pas longtemps. Mais si ! le jour du muguet ! *(Note de l'autre auteur.)*

Bref, vous avez envie de relativiser, de nuancer les idées, de faire des choses comme « replacer la question dans son contexte », et « l'analyser avec un minimum de recul ».

Autant d'erreurs. Si vous faites cela, vous allez voir très rapidement vos camarades se regarder d'un air gêné, jusqu'à ce que l'un d'eux vous coupe la parole avec une remarque définitive, du type : « Oui mais quand même, il était marié ! »

Vous, vous n'auriez pas pensé à ça. Eux, ils ont l'air tristes pour vous. Non seulement vous êtes quelqu'un de compliqué, mais en plus on dirait que vous ne comprenez pas les gens. Peut-être même que vous n'êtes pas gentil.

Tout votre problème est là. Vous en faites trop avec votre tête. On ne vous en demande pas tant. Les autres savent quand s'arrêter ; ils le font sans réfléchir. Ils savent même d'instinct ne pas commencer. C'est leur force. Cette force qui est avec eux s'appelle la **stupidité**.

Vous devez apprendre à faire comme eux. C'est le but de ce livre.

A tout de suite !

Pourquoi ce livre

« Un con qui marche vaut mieux que
dix intellectuels assis. »
Le Lemming, ce méconnu, J. SÉGUÉLA

La stupidité est en progression constante. Cette progression est un immense progrès.

Il n'y a pas si longtemps, la stupidité était victime d'un tabou. On pensait naïvement qu'elle était un handicap, un poids, une gêne intellectuelle et sociale.

Longtemps, on a cru qu'il fallait augmenter le niveau de l'intelligence. On a même cru que c'était ce qu'on était en train de faire. Et c'était bien, en fait, le niveau de la stupidité qui montait.

Il a fallu, pour corriger cette erreur, les travaux de sommités comme Jacques Séguéla, Cioran, Lagaf' ou Jacques Pradel. On admet aujourd'hui que la stupidité est un élément constitutif du développement de notre société.

Croire l'inverse était, justement, stupide. Ce qui prouve bien que la stupidité montait. Ce n'est pas difficile à comprendre. (Relisez voir une fois quand même. Puis oubliez tout ça.)

Aujourd'hui, le consensus[1] est établi. Ceux qui sont

1. Consensus est un mot difficile. Peu à peu, nous supprimerons de l'ouvrage les mots de ce genre, mais au début on en a laissé quelques-uns, en en donnant l'explication. En dépit de sa sonorité suspecte, comme *cohabiter,* le mot *consensus* ne désigne rien de cochon, ou à peine : il veut dire que tout le monde est d'accord d'avance, sans discuter sur ce qui fâcherait. Cohabiter, de sens voi-

malheureux de vivre le sont faute d'être assez stupides. Il est donc urgent d'établir avec ceux qui vivent de mieux en mieux dans un monde de plus en plus stupide une saine cohabitation. Sinon, on créerait dans nos sociétés avancées de véritables inégalités qui sont insupportables.

Pourquoi l'intelligence est-elle un handicap ?

D'abord, l'intelligence mène à réfléchir. Or, c'est bien connu, celui qui pense critique au lieu d'agir. Et dans une société tournée tout entière vers l'action, penser est très mal ressenti, et même carrément incivique[1]. L'intelligence, par exemple, s'inquiète de la croissance de la stupidité. Or il est tout à fait déplacé de s'inquiéter de la croissance de quelque chose au moment où on a besoin que la croissance reprenne partout. La société avancée est aujourd'hui forcée de s'apercevoir bon gré mal gré que **la stupidité est indispensable au bonheur**.

Ensuite, l'intelligence est mal partagée. Dans une société tournée tout entière vers l'égalité de tous, c'est très mal ressenti et même carrément incivique[2]. Le jour où Patrick Sabatier a voulu faire l'intelligent dans son émission, il s'est fait mettre à la porte et ruiner par le fisc. Ce n'est que justice.

Enfin, l'intelligence coupe du plus grand nombre. Elle pousse à réagir différemment des autres, pas par mauvaise volonté mais par simple inadaptation. Dans une société tout entière tournée vers la démocratie et les droits de l'homme, c'est très mal ressenti et même

sin, veut dire que les gens qui sont d'accord vivent ensemble, même s'ils ne couchent pas les uns avec les autres, on voit bien qu'il n'y a là rien de salace. Au contraire. C'est clean comme c'est pas possible.

1. Incivique veut dire, en gros, qui fait de la peine aux responsables. *(Note de l'autre auteur.)*

2. Incivique veut dire, en gros, qui fait de la peine aux responsables. Souvenez-vous, c'était il y a dix lignes. *(Note de l'autre auteur.)*

carrément incivique[1]. Que vous le vouliez ou non, vous devrez vivre avec ce qui plaît aux plus nombreux : dinosaures, Coupe du monde de football, *Petite Marie* de Francis Cabrel, soirée thématique émouvante et multichaînes contre le sida, bébé publicitaire proposant de faire caca sur le canapé du salon juste avant les infos de 20 heures, etc. Donc, quitte à être en plein dedans, autant trouver ça bien. Ce livre va justement vous y aider en faisant de vous un homme nouveau.

La stupidité comme moyen de défense

Pour finir, la stupidité présente sur la bête intelligence un avantage majeur : elle protège.

En effet, la stupidité provoque la sympathie. Elle rend serviable. On vient automatiquement en aide à quelqu'un de stupide. On se met à sa portée, on lui simplifie et même on lui épargne le travail. On en fait une partie à sa place. L'aspect désarmé et inoffensif d'une personne stupide incite au caritatif : c'est un peu l'équivalent mental d'un S.D.F., en plus répandu et en mieux habillé.

Mieux encore, on évite bientôt au stupide toutes les initiatives. Le stupide est enthousiaste, plein de bonne volonté et a envie de servir. Mais dès qu'on a donné une instruction à quelqu'un de stupide, après avoir vu le résultat de son initiative à la deuxième fois on se reprend, on se dit qu'on aura plus vite fait de le faire soi-même et que ce sera moins risqué. On lui évite ainsi de nombreuses perplexités et de terribles efforts de compréhension.

Si vous vous reconnaissez dans ce raisonnement, vous ne faites pas partie des stupides. Vous, vous faites partie de ceux qui se fatiguent à leur place.

1. Incivique veut dire, en gros, qui fait de la peine aux responsables. Exactement comme les deux premières fois. Vous vous souviendrez, ce coup-ci ? *(Note de l'autre auteur.)*

Cette belle solidarité se retrouve à tous les échelons de la société. Ainsi, l'Administration a fini, après de multiples tâtonnements, et de longues années de promotions internes et d'efforts spontanés, par placer des personnes stupides à **tous** ses guichets, afin d'être sûre que le dialogue puisse s'instaurer efficacement même avec les usagers les moins doués. Quelquefois même, ce sont les usagers qui aident les fonctionnaires. De même, de nombreuses lois protègent efficacement les personnes trop stupides pour (en vrac) gérer correctement leur budget domestique, éviter de mettre leur chat dans le four à micro-ondes[1], lire les papiers qu'elles signent ou penser à faire un peu construire le bâtiment municipal qui va avec la facture de la S.O.R.M.A.E.

Donc, la stupidité protège.

Ceux qui connaissent un peu les lois de l'évolution des espèces (*Science et Vie* en parle à peu près tous les trois ans, pour nous dire comment ça évolue) auront compris que c'est la raison pour laquelle les stupides se multiplient. Ils sont formidablement adaptés à notre société dans laquelle, en somme, **tout est fait pour eux**. Ils sont les plus aptes à survivre et, par les gènes ou l'éducation, ils transmettent à leur descendance les caractères intellectuels et physiques les plus efficaces. Dès lors, l'impitoyable sélection naturelle jouant à plein, leur nombre s'accroît. *L'intelligence n'est même plus une valeur-refuge.*

Une fois en route, le processus s'auto-entretient. La population stupide étant majoritaire, toute la production des biens et des services tend à la satisfaire en

1. En 1984 environ, une dame qui avait acheté un four à micro-ondes et qui avait lu sur la notice que cela pouvait servir à tout réchauffer y a mis son chat qu'elle venait de baigner, pour le réchauffer. Quand il n'en est plus resté que les griffes, elle s'est plainte que le mode d'emploi ne prévenait pas assez l'usager. Elle a engagé un procès contre le fabricant et elle l'a gagné. Ah !

priorité. La stupidité étend ainsi une sorte de douce tyrannie qui rend la vie des non-stupides encore plus difficile et, par conséquent, les caractères innés ou acquis des personnes stupides encore plus performants. D'où nouvel accroissement, etc.

Aujourd'hui, on ne voit pas ce qui pourrait inverser ce processus. Tout montre au contraire qu'il s'emballe un peu plus chaque jour (d'ailleurs, tout est bien mieux emballé aujourd'hui qu'il y a seulement vingt ans).

Il était vraiment temps que vous ouvriez ce livre.

La stupidité, valeur d'avenir

La stupidité permet et favorise la croissance économique. Grâce à elle, les fabricants peuvent vendre des machines de plus en plus performantes pour en remplacer d'autres encore en état de marche (voir le chapitre : Les appareils ménagers). Grâce à elle, les services les plus inattendus peuvent voir le jour : loteries à gagnants multiples des *3 Suisses* ou journaux exclusivement consacrés à des nouvelles fausses. Grâce à elle, des artistes comme Patrick Bruel ou Vanessa Paradis contribuent à l'équilibre du commerce extérieur français. Et ne parlons même pas de la publicité ou de l'édition... On n'en finirait pas avec cette énumération magique.

Valeur économique, la stupidité est également essentielle à la poursuite du bonheur.

Non seulement l'intelligence a échoué dans sa lutte contre les faits, mais encore, si l'intelligence a échoué à quelque chose, c'est bien à **faire ses preuves**. L'intelligence est obsolète.

La preuve : ce livre était impensable il y a seulement dix ans. Ce n'est plus le cas. C'est bon signe.

Une bonne nouvelle

Maintenant que vous avez lu et compris tout ce qui précède, vraiment lu et compris, vous êtes sans doute un peu déprimé.

Rassurez-vous : tout n'est pas perdu. Vous pouvez encore vous en sortir en apprenant à développer votre stupidité.

C'est la bonne nouvelle : nous avons tous un capital stupidité, qu'il est possible de faire fructifier.

Peut-on accroître sa propre stupidité ? En ce qui nous concerne, nous sommes évidemment convaincus que oui. Sinon il faudrait penser que ce livre a été écrit en pure perte, pour le seul appât du gain, ce qui est méchant et manque de caritatif. Ou penser que justement, écrire un livre pour rien est stupide, donc congru [1] au propos. De toute façon, il faudrait penser. Commencez votre entraînement, ne pensez pas à tout ça. Retenez juste que ce livre peut quelque chose pour vous.

Parvenir à lire ces lignes, avoir eu envie de le faire, n'est donc pas en soi un symptôme irrémédiable. Cela montre seulement que vous avez une longue habitude de la lecture et quelques penchants au raisonnement. Il était temps ; mais il n'est pas trop tard. Vous aussi, vous pourrez demain, moyennant quelques dizaines de francs et quelques exercices simples, arborer candidement le front du taureau qui vient de naître [2] et le sourire satisfait d'un candidat du « Juste Prix ». La stupidité, c'est un peu comme les muscles : certains sont plus gâtés que d'autres à la naissance, mais tout le monde peut faire du culturisme. Ce livre se veut votre entraîneur, votre conseiller, votre guide et même votre sparring-partner.

1. Congru n'est pas non plus un mot salace, il veut dire à peu près « adéquat ». Adéquat veut dire quelque chose comme « qui tombe bien », « qui s'ajuste sans bavure », « bien bricolé, beau travail, pas de perte de moquette, payez ceci, pas cela ».

2. Rappelons que le petit du taureau s'appelle le veau, puis l'escalope. *(Note de l'autre auteur.)*

Ce que ce livre va faire pour vous

Vous partez avec un gros handicap : vous savez lire. Ce livre va transformer les inconvénients de cette situation en avantages. Il a été conçu spécialement pour ceux qui savent lire (pour les autres, une série de tests vidéo est à l'étude).

Bien sûr, ce livre ne peut pas vous guérir complètement de la lecture – ceux qui ont appris à lire, heureusement de moins en moins nombreux, savent que l'illettrisme ne se réapprend pas, c'est un état qu'on perd à jamais et qu'on ne peut regagner, comme la virginité – mais il va néanmoins vous permettre d'énormes progrès. En effet, à la fin de votre lecture, vous serez capable de :

- répondre à un sondage sur Minitel pour ou contre l'avancée du désert au Mali ;
- vous abonner à *Réponse à tout*, et même peut-être à tout autre magazine de votre choix ;
- faire un minimum de cinq ratures sur des feuilles de Sécurité sociale ;
- être invité à un talk-show[1] sur simple tirage au sort ;
- acheter en zone inondable pour passer au journal de 20 heures ;
- confondre Madonna et Maradonna ;
- intégrer un club de supporters, et même éventuellement postuler pour le poste d'homme de paille

1. Prononcer toc-chaud. Spectacle où les participants se renvoient la balle (toc) à chaud.

du trésorier (pour les ultras de l'O.M., voir le livre à paraître : *Développez votre stupidité dans le Midi*) ;

- acclamer la reine d'Angleterre et même Stéphanie de Monaco en agitant un petit fanion ;
- répondre aux quiz des supermarchés ;
- être éliminé dès les premières questions de « Que le meilleur gagne plus », en apprenant comment vous tromper de bouton. Ce qui permet de se faire traiter gentiment de stupide par le présentateur vedette. *Faut reconnaître que c'est quelque chose* ;
- lire couramment les mailings du *Reader's Digest* et y répondre avant de les jeter à la poubelle ;
- passer victorieusement les tests d'embauche des sociétés de télé-surveillance ;
- acheter un deuxième exemplaire de ce livre, bien que vous en ayez déjà un, juste pour le regarder. En faire acheter un ou plusieurs exemplaires à des gens de votre entourage, même ceux qui ne lisent jamais.

Comment l'utiliser

Pour cela, nous vous proposons des exercices adaptés aux principales situations de la vie quotidienne. Dans chaque cas, nous vous indiquerons la marche à suivre, le comportement à adopter, les techniques d'entraînement nécessaires pour optimiser votre capital-stupidité. Avec un peu d'assiduité et de bonne volonté, vous devriez faire des progrès foudroyants.

Ce livre étalonne vos connaissances et vos aptitudes à la stupidité par des tests, des exercices soigneusement dosés selon une gradation aussi stupide que possible (ce qui a demandé de longues recherches). Les exercices les plus difficiles se trouvent en début de volume. C'est normal, à ce stade vous en êtes encore (sauf exceptions) à un niveau **raisonnable** de stupidité – c'est-à-dire débutant.

Pour mesurer vos progrès, nous commençons par

faire un état des lieux. Un peu comme un bilan pour les entreprises menacées de faillite, si vous voulez. C'est le test d'ouverture, intitulé *Votre capital de base*. Il sert à évaluer le niveau duquel vous partez. Notez bien ce niveau de départ sur un papier ou, mieux encore, sur le livre lui-même.

Attention : ce livre est conçu pour être lu du début à la fin, ce qui est encore la meilleure façon d'utiliser un livre. Mais on peut aussi le lire par n'importe quel bout. Evidemment, de la sorte on profite moins de la méthode de développement. Mais c'est le signe d'une façon stupide de faire, ce qui est du meilleur augure. Et puis ça prouve que vous avez le goût de la liberté, et même du caprice.

En revanche, évitez de commencer par la fin. Vous risquez, sans préparation, de le trouver trop stupide.

De loin en loin, vous trouverez dans le livre d'autres tests, qui vous permettront d'apprécier votre degré d'avancement. Normalement, vous devriez voir votre capital augmenter.

En cas de réussite aux tests, ne vous découragez pas. La stupidité, comme toutes les autres activités humaines, est une longue patience. C'est pourquoi ce livre est **évolutif**. Il vous prend au début dans votre état infortuné, l'état de ceux qui pensent encore quelque chose plutôt que de s'en remettre à la stupidité. Ne vous étonnez donc pas d'y trouver quelques idées au début, et d'avoir parfois de la peine à comprendre : c'est bon signe. Cela prouve que, déjà, vous êtes sur la bonne voie. Donc, si vous trouvez quelques passages un peu ardus ou abrupts, n'hésitez pas à les sauter.

A la fin du livre, vous trouverez un test de clôture, de forme similaire au test d'ouverture. En le faisant, et en comparant le résultat à celui obtenu au tout premier test, vous pourrez mesurer l'accroissement de votre capital-stupidité. Le résultat sera spectaculaire. Mais il ne vous surprendra pas, parce qu'au niveau de stupidité où vous serez parvenu, rien ne vous paraîtra plus surprenant.

Pour commencer, tous ceux qui ont compris nos explications du premier coup se retirent d'avance 30 points. (notez-les dans la marge, ils vont servir dès la page suivante)[1]

Quant à ceux qui seraient déjà convaincus de tout ce qui précède et s'impatienteraient de tout ce baratin (ce qui est un sain réflexe de stupidité croissante) nous n'avons qu'une remarque à faire : **êtes-vous certain d'aller, actuellement, jusqu'au bout de vos capacités de stupidité ?**

Seul ce livre peut vous le dire.

Pour bien faire les tests

Évitez les endroits tranquilles, qui vous sont inhabituels. Choisissez un environnement où vous êtes déjà à votre aise : le métro, le train du travail à votre domicile, les embouteillages. Ces tests remplaceront vos mots fléchés, qui font quand même réfléchir. N'hésitez pas à les faire devant la télé. Au bout d'un moment, vous verrez que vous ne vous apercevrez même plus qu'elle marche, ni même de la différence entre les pages et ce que vous voyez défiler à l'écran.

Ne craignez pas de vous endormir devant l'écran, et devant les tests. C'est bon signe. Votre attention ne doit pas être trop longtemps soutenue (d'où l'intérêt du zapping : mais ce n'est qu'un entraînement ; vous devez parvenir à zapper sans boîtier, et sans changer de chaîne. Le zapping, c'est dans la tête.

N. B. : En bas de chaque page, vous disposez à présent d'un emplacement où reporter le total de vos points. C'est votre totalisateur. Baissez les yeux, il est là en bas, à droite. Inscrivez-y vos -30 points de

1. N'y allez pas tout de suite ! Il en reste à lire sur celle-ci.

la page précédente. N'oubliez pas de remonter les yeux par ici après avoir écrit, la page n'est pas finie.

Bravo, vous êtes remonté jusqu'ici. Vous avez compris le plus gros du maniement de ce livre. Nous vous donnerions bien un point d'encouragement, mais il faudrait redescendre. Une autre fois.

Pour ceux qui n'ont pas de stylo, et qui ont été pris de vitesse, nous les attendons.

Quand vous voulez. Oui, ceux qui n'ont pas de stylo chez eux peuvent aller en acheter un. Ou en emprunter un. Ou en demander un à leur voisin de métro.

Vous y êtes ? Parfait.

Comment faire les tests

Cochez les cases de chaque test. On appelle **case** un petit dessin de ce genre :

□

Attention, celle-là n'est **pas** à cocher. Les tests ne commencent qu'à la page 29. Ceux qui ont automatiquement coché la case ci-dessus, par réflexe, gagnent 50 points.

Cocher une case veut dire la marquer d'une croix à l'aide d'une pointe à bille. Ou d'un stylo. Ou d'un feutre. Vous êtes tout à fait libres de votre choix. Oui, pour la marque aussi.

Une croix, ce n'est pas compliqué. Agissez comme pour gratter un ticket de Millionnaire, mais attention, avec le stylo à bille, que vous tiendrez en main, et en mettant le papier du côté de la pointe qui marque (ça a l'air difficile tel que c'est écrit, mais ça vient assez naturellement) ; et au lieu d'aller et venir, ne faites qu'un mouvement dans un sens et un dans l'autre, attention, de façon à ce que les deux se recoupent (voyez tout de même l'additif en fin de livre). Si vous ne savez pas en faire, demandez au curé de votre paroisse (attention, pas un **signe** de croix sur vous : si le curé vous fait faire ça, il essaie de vous vendre son produit). Les croissants islamiques sont admis aussi. L'important est de **marquer** la case.

Note importante : Cochez les cases *à l'encre.* Un livre ne doit servir qu'une fois, c'est indispensable, tant pour votre évaluation personnelle (vous ne devez pas tricher) que pour les auteurs. Cet ouvrage doit être jeté après emploi et racheté par toute personne désireuse de commencer ou de recommencer les tests.

Pourquoi ? Voici des arguments auxquels vous devez être sensible :

Il faut bien que tout le monde gagne sa vie. – Si c'est comme ça, c'est comme ça et pas autrement. – Si vous le dites, ça doit avoir ses raisons. – La parole des spécialistes, c'est sacré. – Chacun ses manies, faut pas chercher à comprendre. – Oké, oké, d'accord, on va pas en faire tout un plat, restons bons amis.

Relisez soigneusement ces bonnes raisons. C'est un excellent premier exercice, et facile : si certaines d'entre elles vous paraissent difficiles à accepter ou même franchement stupides, c'est le signe que ce livre peut vous faire faire beaucoup de progrès. A l'inverse, si vous les acceptez toutes, vous êtes un sujet doué.

Ceux qui n'ont trouvé qu'un crayon repartent vite chercher un stylo. Ils ne perdent pas de points pour

---

Votre capital stupidité à présent : [   ] points

cette fois, mais qu'ils se dépêchent. Nous, nous continuons. Ils n'auront qu'à nous rattraper.

Votre capital de base

Vous partez avec un capital stupidité de 10 points. C'est peu, mais il faut un début à tout dans la vie ; et vous devez apprendre à vous enrichir tout seul. Progresser vraiment, c'est progresser par soi-même. Tous ceux qui réussissent vraiment se font tout seuls (voyez Bernard Tapie ou Philippe Bouvard). De plus, vous allez voir que vos points de stupidité vont grimper très vite de façon fantastique. Ce livre est conçu pour cela. Il est très bien fait.

Le mystère des points négatifs

Si vous répondez mal au début, ce qui peut arriver à tout le monde, il est possible que vous épuisiez votre capital de base, notamment si vous êtes docteur en philosophie ou conseiller à la Cour des comptes. Vous arriverez à zéro assez vite. Et après, que se passe-t-il ? Comment enlever des points quand il n'y a rien ?

Cela aussi, ce livre l'a prévu. Il existe des points au-dessous de zéro, on les appelle les **points négatifs.** Ceux qui n'en ont jamais vu peuvent s'imaginer cela en pensant aux bulletins météo : c'est comme pour la température dans les thermomètres. Il peut faire moins cinq, moins dix, etc., au-dessous de zéro. De même, vous pouvez avoir moins cinq, moins dix, moins cinquante, etc.

Mais ne vous inquiétez de rien. Tout est très bien fait : ceux qui risquent le plus d'avoir des points négatifs savent ce que c'est (c'est justement pour ça qu'ils

---

Votre capital stupidité à présent : [ ] points

vont en avoir). Et ceux qui sont déjà suffisamment stupides pour ne pas comprendre comment ça marche n'en auront sans doute pas. C'est pour ça qu'ils ont toujours eu à l'école des notes en dessous de zéro, mais qu'ils n'ont jamais ni su ce que ça voulait dire, ni même qu'ils en avaient.

Si vous n'avez rien compris, rajoutez-vous 2 points.

Un mot des textes autour des tests

Avant, après ou autour des tests, vous trouverez des paragraphes de lignes serrées, en plus ou moins gros caractères. Ce sont des **textes**. Vous faites ce que vous voulez, mais il vaut mieux les lire, au moins une fois. Ils ont pour but de vous apprendre comment optimiser le capital stupidité de votre environnement.

Car ce qu'on apprend dans un livre, même celui-là, ne suffit pas. Il faut le compléter par d'autres outils qui vous aideront à progresser. Vous les tirerez du monde qui vous entoure. Les outils extérieurs à ce livre ne manquent pas. Votre vie quotidienne en foisonne littéralement. Le tout est de les repérer, et de les **optimiser.** Mais comme le monde est complexe, ce livre sera votre guide à travers toutes ces embûches.

Ce n'est pas tout : dans ces textes se trouvent de temps en temps des primes à la lecture, qui peuvent augmenter vos points-stupidité. Pas dans tous les paragraphes, mais quand même. Vous avez donc intérêt à les lire. Non seulement savoir lire n'est plus uniquement un handicap, mais encore, cela peut vous faire progresser. Et enfin, ces quelques chiffres vous reposent de toutes ces lettres, comme dans les meilleures émissions télé.

Votre capital stupidité à présent : [   ] points

Dernière remarque avant l'autoroute

Et premier exemple par la pratique.

Ce livre n'a pas la prétention d'être *exostif*.

Vous avez déjà entendu cette phrase. C'est une formule de politesse. On l'emploie de plus en plus, et dans tous les milieux. Personne de bien élevé aujourd'hui, s'il veut se faire écouter ou lire, n'aurait la prétention d'être exostif. Il est mal vu d'être exostif. Parce que c'est prétentieux. La phrase le dit : « *la prétention d'être exostif* ». Même sans savoir ce que c'est que l'exostivité, on comprend qu'il y a un risque. Nous n'allions pas courir ce risque.

Et vous avez là un premier exemple de notre démarche. Vous voyez que les raisonnements stupides sont toujours très simples. Et on ne peut être simple que si on n'est pas exostif.

Pour éviter d'être exostif, c'est également très simple : il suffit de le dire avant de dire ce que vous avez à dire, comme nous. Essayer de le comprendre soi-même ou de le faire comprendre serait risquer d'être exostif.

Donc nous n'allions pas dire le contraire. C'est dit, voilà.

N. B. : exostif s'écrit quelquefois *exhaustif*. Mais, même là, surtout là nous n'avons pas eu la prétention d'être exostifs.

Votre capital stupidité à présent : [ ] points

Pour [illegible] exemple sur la journée
[illegible]
Vous [illegible]
[illegible] de plus en plus [illegible]
[illegible]

[illegible] exemple [illegible]
[illegible]

[illegible]

[illegible]

[illegible] n'avons pas eu [illegible]

PREMIÈRE PARTIE

Vos débuts dans la stupidité

Test d'ouverture : Votre capital de base

Pour tous ceux qui nous ont rejoints directement ici, rappelons qu'il convient de faire le test qui suit avant de démarrer le programme d'entraînement proposé dans les chapitres suivants.

Et puis tiens, qu'ils se donnent déjà 5 points comme cadeau de bienvenue !

PREMIER BILAN

Chez vous, vous avez déjà :

A	Un livre	☐
B	Deux livres sans compter celui-là	☐
C	Plus de deux livres, y compris le livret de famille et le livre de cuisine	☐
D	Plus de cent livres	☐

Corrigé

A : Rajoutez-vous 1 point.
B : Rajoutez-vous 1 point, sauf si c'est deux fois

Votre capital stupidité à présent : ☐ points

le même livre ; dans ce cas, rajoutez-vous 10 points.

C : Rajoutez-vous 2 points.

D : Enlevez-vous 10 points. Si ce sont des livres sterling, ajoutez 10 points.

Notre conseil

Diminuez les livres progressivement mais régulièrement. Augmentez les magazines, en accroissant peu à peu la proportion des illustrations et des gros titres, et en supprimant autant que possible les petits caractères. Vous devez passer de la revue *Le Débat* au *Parisien libéré*, du *Monde* à *VSD*, puis de *VSD* à *Ici Paris*, enfin au *Meilleur*.

Donnez une liste des titres de vos magazines habituels à votre médecin traitant, il vous aidera à établir un régime progressif à partir de sa propre salle d'attente. Mais votre but idéal est de ne plus lire que les hebdomadaires gratuits de petites annonces de votre quartier, plus particulièrement aux pages des annonces de Minitel ou, mieux encore, de sorciers africains. C'est très suffisant.

DICTÉE

Cet exercice demande que vous vous fassiez aider par un ami, votre mari, votre femme, ou une personne dévouée de votre entourage (par exemple, votre collègue de bureau, votre adjudant, votre gardien de cellule, votre infirmière ou gouvernante, votre chef de cabinet...).

Faites-vous dicter le texte intitulé « Texte de la dictée ».

N. B. : Si vous ne pouviez vraiment pas vous faire

Votre capital stupidité à présent : [ ] points

aider, transformez l'exercice en exercice de copie. Essayez de recopier sans fautes le texte ci-dessous :

Texte de la dictée : *La poliomyélitique parfumée à l'opopanax s'afflige des chrysanthèmes bigarrés que lui ont donnés les jumeaux en redingote de shantung.*

Corrigé

• Ceux qui se sont fait dicter « Texte de la dictée » ajoutent 2 points.

• Ceux qui se sont fait dicter le paragraphe : « Cet exercice demande... » jusqu'à « cabinet » ne corrigent pas leur dictée, mais ajoutent tout de suite 25 points.

• Les autres appliquent le barème suivant :

• Plus de 150 fautes : 20 points. Plus de 100 fautes : 15 points. Entre 100 et 20 fautes : 5 points. Entre 10 et 2 fautes : – 3 points.

• Ceux qui auraient fait zéro faute jettent ce livre, Nathanaël, et nous écrivent : nous avons des travaux à leur confier.

N. B. : Vous ajouterez 5 points si vous avez écrit redingote selon l'une des formes ci-dessous :

Redingotte – redaingote – redaingotte – rodingote – rodinguotte – regaingotte – redongotte – retingotte – renagote – rédaincotte – raitaincotte – retainco.

N. N. B. : Ceux qui ont compris l'allusion littéraire contenue dans le texte de la correction se retirent 75 points, non mais sans blague, qu'est-ce que vous croyez ?

N. N. N. B. : Ceux qui n'ont **pas** compris l'allusion littéraire contenue dans le texte de la correction mais qui aimeraient bien la comprendre, maintenant qu'ils savent qu'il y en a une, se retirent 20 points. Ils commencent très mal. Mais ils peuvent nous écrire.

Votre capital stupidité à présent : [ ] points

COMPRÉHENSION DE TEXTE

Relisez le texte (le modèle, pas le vôtre !), et choisissez la phrase qui, selon vous, en résume le mieux le sens :

A	Une vieille infirme bizarre se fait fouetter par des pervers avec des fleurs.	☐
B	Une infirme et son animal favori pleurent devant la tombe de deux frères aimés.	☐
C	Trois personnes chantonnent dans un cimetière chinois richement fleuri.	☐
D	Un esprit tordu essaie de faire trébucher des couillons sur des phrases sans queue ni tête.	☐

Corrigé

Si vous avez répondu A, B ou C, rajoutez-vous 3 points ; mais quand même, vous devriez vous calmer, mon vieux.

D : enlevez-vous 3 points. Vous êtes un petit malin, vous.

RAISONNEMENT MATHÉMATIQUE

Une baignoire de 0,53 m de profondeur sur 1,70 de long et 0,55 de large se remplit grâce à deux robinets d'un débit de 24 gallons par demi-journée, dont l'un est fermé et l'autre fuit à 1/123e de sa puissance totale. En même temps, la baignoire se vide un peu du fait du mauvais ajustage de la bonde. Presque rien, mais quand même.

Pour réparer cette baignoire, un plombier, demeurant à 125 km de là, prend à 9 h 14, soit treize heures

Votre capital stupidité à présent : ☐ points

après le coup de fil d'alerte, un train roulant à 112,547 km/h, par un vent contraire de force 4. Trente-cinq minutes plus tard, sa femme prend le train suivant pour lui remettre sa trousse à outils qu'il a oubliée. Ce second train part avec 14 min 50 s de retard sur son horaire, mais il roule à 118,22 km/h, avec une légère brise arrière force 2, mer belle à peu agitée.

Ignorant qu'il est suivi de sa femme, la maîtresse du plombier (que celui-ci a avertie en secret depuis la gare) décide de venir à sa rencontre par l'autorail régional de 10 heures. La Micheline (ce n'est pas le prénom de la maîtresse) roule à la vitesse qu'elle peut.

Pendant ce temps, la baignoire se remplit.

Sachant que l'aiguilleur de Saint-Amand-Montrond est en train de s'assoupir et oublie de déverrouiller l'aiguillage, calculez :

- l'heure à laquelle la femme et la maîtresse mourront dans une catastrophe ferroviaire ;
- combien ça va coûter à notre économie ;
- qui sont a) les responsables, b) les coupables, c) si le ministre doit démissionner ;
- combien de temps Poivre d'Arvor peut tenir sur un sujet pareil.

Question subsidiaire :

Calculez le poids en mots et le choc en photos que *Paris-Match* va consacrer...

1) à la catastrophe ferroviaire ;
2) à l'histoire de l'aiguilleur et de la Micheline ;
3) à l'histoire d'amour entre le plombier et Josiane (c'est son prénom) ;
4) à l'histoire de la baignoire ;
5) au problème de maths.

Votre capital stupidité à présent : [ ] points

Corrigé

- Tous ceux qui ont essayé sincèrement et opiniâtrement de répondre aux questions posées se rajoutent 10 points, quelles que soient leurs réponses.
- Ceux qui ne comprennent pas pourquoi se rajoutent encore 1 point de bonification.
- Ceux qui ont ri et n'ont pas fait les questions se retranchent 5 points ; chacun son tour de rigoler.

HISTOIRE

1 – Christophe Colomb a découvert l'Amérique...

A	En 732.	☐
B	En 1515.	☐
C	En 1492.	☐
D	En 1992.	☐
E	En cassant un œuf.	☐
F	Par hasard.	☐
G	Non.	☐
H	Il était temps.	☐

Corrigé

Ceux qui ont coché une date au hasard ajoutent 1 point.

E : + 3 points (mais attention à la mémoire). A et B : + 2 points (bel effort de mémoire) ; C : + 1 point (c'est juste, donc ça mériterait une punition sévère, mais

Votre capital stupidité à présent : ☐ points

comme visiblement vous n'avez pas encore compris que, dans ce livre, répondre juste ne rapporte rien, vous promettez, donc 1 point de bénéfice du doute). D : + 3 points (et + 5 pour ceux qui ont pensé « Merci, mon Depardieu »).

F et G perdent 5 points, pour faire semblant de confondre ce livre avec le Jeu des mille francs. Ne niez pas, mauvais joueurs !

H mérite une récompense : + 4 points.

N. B. : Que ceux qui ont répondu « Oui » se rassurent : ils avaient raison.

2 – A votre avis, lequel de ces événements est le plus historique ?

A	Le mariage de Lady Di dans le numéro spécial de *Paris-Match*.	☐
B	Mai 68.	☐
C	Le 14-Juillet.	☐
D	Un petit pas pour moi, un grand pas pour l'humanité.	☐

Corrigé

Il y a un petit piège dans cet exercice. La dernière ligne est un **mot** historique, et non un événement. Ceux qui l'ont vu s'enlèvent 2 points. Ceux qui ne l'ont pas vu et l'ont coché en reconnaissant la phrase ajoutent 2 points. Ceux qui ne savent pas d'où sort cette phrase rajoutent 3 points. Ceux qui ont coché la case mais sans reconnaître la phrase rajoutent 4 points. Ceux qui ne sauraient pas qui est Lady Di enlèvent 1 point (tout de même, faut pas pousser).

Nous vous rappelons qu'il serait dommage de tricher

Votre capital stupidité à présent : ☐ points

pour essayer d'avoir l'air plus stupide. Ce serait faire le malin, ce qui n'est pas très malin parce que ce n'est pas très stupide.

Ceux qui n'ont pas compris cette phrase rajoutent 5 points. Ceux qui l'ont lue et sont d'accord rajoutent 2 points. Ceux qui l'ont lue et en ont ri retranchent 2 points.

GÉOGRAPHIE

1 – L'Etat du Bouhtan se trouve :

A	Plutôt à l'est.	☐
B	Plutôt au sud.	☐
C	Nulle part, ça n'existe pas.	☐
D	Rarement.	☐

Corrigé

Les réponses A, B et D rapportent 2 points. Ceux qui ont coché C au hasard se rajoutent 2 points. Ceux qui ont coché C de bonne foi rajoutent 5 points. Ceux qui ont coché C parce qu'ils savaient que l'orthographe exacte est « Bhoutan » se retirent 3 points.

2 – La capitale politique de l'Azerbaïdjan est :

A	Moscou.	☐
B	Tbilissi.	☐
C	Chevarnadze.	☐
D	L'Arménie.	☐

Votre capital stupidité à présent : ☐ points

Corrigé

Tous ceux qui savent où est l'Azerbaïdjan se retirent 1 point.

ESPRIT SCIENTIFIQUE

1 – De tous ces savants, quel est le plus scientifique ?

A	Archimède	☐
B	Ptolémée	☐
C	Einstein	☐
D	Tryphon Tournesol	☐
E	Pascal	☐
F	Michel Chevaley	☐

Corrigé

Ceux qui ont confondu Pascal avec leur beau-frère gagnent 3 points, même s'ils ne l'avaient pas coché (leur beau-frère ne leur apparaissant pas assez scientifique). Ceux qui n'ont rien coché avec un petit air entendu perdent 20 points. Ceux qui ne savent pas qui est Tryphon Tournesol ajoutent 1 point. Ceux qui ont coché F gagnent 6 points, c'est quand même lui le plus récent de la liste. Tous les autres gagnent 4 points : toutes les réponses valent bien ça.

Votre capital stupidité à présent : ☐ points

2 – Un cyclotron, c'est :

A	Le prochain prototype de chez Peugeot.	☐
B	Le nombre d'années que vit un arbre.	☐
C	Un virus qui se met dans le sang.	☐
D	Une sorte de fronde, mais atomique.	☐

Corrigé

Les petits malins qui ont répondu D se retirent 1 point. Ceux qui ont répondu B aussi : ça leur apprendra à vouloir réfléchir. Les autres, 2 points de plus. Vous progressez.

SENS DE LA BEAUTÉ

1 – Devant un Christ peint par Matthias Grünewald, vous vous dites :

A	C'est tout à fait ressemblant.	☐
B	Quel travail !	☐
C	Je choisirais pas ça pour mettre dans mon salon, c'est lugubre.	☐
D	J'y crois pas de toute façon.	☐
E	J'aime mieux le moderne.	☐
F	Les PTT ont de ces idées de calendrier...	☐
G	Vous ne voyez pas du tout qui est Matthias Grünewald.	☐
H	A l'expressionnisme romantique de Grünewald, vous préférez le naturalisme matérialiste de Cranach.	☐

Votre capital stupidité à présent : ☐ points

Corrigé

Toutes les réponses sauf la H rajoutent 2 points. Ceux qui ont répondu H doivent se retirer 10 points et résilier dans les meilleurs délais leur abonnement à *L'Encyclopédie Atlas de la Peinture*.

2 – Pour vous, rien n'est plus beau...

A	Qu'un coucher de soleil au Lavandou.	☐
B	Que des fleurs artificielles qui paraissent vraies.	☐
C	Que des fleurs vraies qui paraissent artificielles.	☐
D	Que l'amour.	☐

Corrigé

Toutes les réponses vous donnent 2 points (vous ne vous en doutiez pas un peu ? ceux qui s'en doutaient un peu marquent 2 points de plus, ne trichez pas !).

RÉSONANCE MÉDIATIQUE

Ceux qui n'ont pas compris le titre du test rajoutent 5 points.

1 – Rendez à chaque magazine la « Une » qui lui appartient :

1	Don d'organes : jusqu'où les cadres doivent-ils aller ?	☐
2	Camionneurs, secrétaires, P.-D.G., marchands de muguet... **COMMENT L'ETAT VOUS VOLE.**	☐
3	Israël : ce que Rainier redoute.	☐

Votre capital stupidité à présent : ☐ points

4	Livret A : les nouveaux gagneurs.	☐
5	Mon étape en Californie sur la route du Paris-Dakar, par Amanda Lear.	☐
6	L'orgasme fait-il **vraiment** maigrir ?	☐
7	Le plombier du train tragique : toutes les photos.	☐

A : *L'Express*, B : *Le Nouvel Observateur*, C : *Le Point*, D : *Paris-Match*, E : *L'Evénement du Jeudi*, F : *Top Santé*, G : *VSD*.

Corrigé

1-A, 2-E, 3-B, 4-C, 5-G, 6-F, 7-D.

Chaque bonne réponse rapporte 2 points.

Chaque mauvaise en rapporte 4. Ceux qui en lisant la ligne de chiffres et de lettres ont dit : « numéro complémentaire le 15 », ou « consonne », comme ça, machinalement, gagnent 2 points. Ceux qui n'ont pas compris comment faire le test ajoutent 5 points.

2 – Voici un titre de journal. Trouvez la proposition qui en est la *conséquence* :

**SOUS LES YEUX DE SON TECKEL,
IL SODOMISE LA MAÎTRESSE DE SA
BELLE-SŒUR LE JOUR DE SES NOCES**

A	Qui n'aime pas les bêtes n'aime pas les gens.	☐
B	Mais qui se mariait alors ?	☐
C	Toutes des chiennes !	☐
D	En costume ? Devant tout le monde ? ?	☐
E	Ehh, dis donc, chérie, à propos, tu voudrais pas, là... maintenant... ?	☐

Votre capital stupidité à présent : ☐ points

Corrigé

Les réponses A et C rapportent 2 points. Les réponses B et D enlèvent 5 points (on vous a déjà dit de ne **pas** chercher à comprendre). E est un bon exemple : vous n'avez pas tout compris mais vous savez réagir, vous avez de l'imagination et de l'initiative. Bravo, vous promettez (mais saurez-vous tenir ?) ; en tout cas, pour le moment, E vous rapporte 5 points.

3 – Pour vous, Timisoara, c'est :

A	L'héroïne de *Autant en emporte le vent*.	☐
B	Le nom d'une bande de cow-boys rivaux dans un « Lucky Lucke ».	☐
C	Le nouveau parfum d'un grand couturier.	☐
D	Une étape du Paris-Dakar.	☐
E	Une sorte de gâteau italien.	☐
F	Rien de tout ça, mais du diable si je me souviens quoi.	☐
G	Le nom d'une ville dont on a parlé dans *Paris-Match*.	☐

Corrigé

Toutes les réponses sauf G rapportent 1 point. La réponse G vous donne 2 points.

Ceux qui ne lisent pas *Paris-Match* retirent 1 point. Personne n'est obligé de lire *Paris-Match*. Mais ceux qui lisent *Paris-Match* ajoutent 2 points.

Ceux qui ont coché plusieurs cases sans qu'on le leur dise ajoutent 4 points : ce coup-ci, c'était permis. Ceux qui trouvent injuste d'être prévenus après coup ajoutent 4 points.

Votre capital stupidité à présent : ☐ points

4 – Citez un film où joue Omar Sharif :

A	*L'Ile nue*	☐
B	*Le Bridge de la rivière Kwaï*	☐
C	*Le Crabe aux pinces d'or*	☐
D	*Tiercé Magazine*	☐

Corrigé

Ceux qui ont répondu D gagnent 3 points. Ceux qui ont répondu B se sont fait avoir, c'était un piège. Ceux qui ont répondu C à cause de « homard » perdent 2 points pour avoir **encore** essayé de réfléchir. Ceux qui ont répondu A doivent changer de lunettes ou cesser de zapper à tort et à travers.

RÉCEPTIVITÉ PUBLICITAIRE

1 – Laquelle de ces propositions vous donne le plus soif ?

A	Evian, l'eau neuve de vos cellules.	☐
B	Un foie, deux reins, trois raisons de boire Contrex.	☐
C	Volvic, un volcan s'éteint, un être s'éveille.	☐
D	Ta douleur du Perrier sera donc éternelle...	☐
D bis	Perrier, c'est fou.	☐
E	Le régime de Vichy est connu pour bien faire éliminer.	☐

Votre capital stupidité à présent : ☐ points

Corrigé

Ceux qui ont pensé « Oh, elles sont toutes bien ! » et qui ont répondu au hasard gagnent 3 points. Ceux qui ont pensé à tout cocher gagnent 1/2 point (ils sont encore trop malins). Ceux qui ont réfléchi longtemps pour donner la réponse la plus exacte possible gagnent 6 points. Ceux qui ont pensé « Tiens, ils ont oubliié *Ba-ba-dou-ah !* » gagnent 15 points.

Ceux qui ont coché D gagnent 10 points, il serait trop long d'expliquer pourquoi (vous pouvez nous écrire).

Attention à ceux qui ont coché E. Ils peuvent être soupçonnés d'avoir confondu avec « buvez, éliminez », et d'avoir trempé dans des eaux troubles. Ils gagnent 5 points avec sursis, en attendant qu'il y ait prescription de leur médecin traitant.

Notre conseil

Qu'ils ne suivent pas n'importe quel régime au hasard. Renseignez-vous auprès de votre écran publicitaire habituel. Jacques-Marie Bardenzeff, merci.

Votre capital stupidité à présent : [   ] points

2 – Auquel de ces arguments publicitaires êtes-vous *incapable* de résister ?

A	Vous avez été personnellement choisi.	☐
B	Vous avez déjà gagné.	☐
C	Pour vous, ce superbe porte-cartes en Skaï qui fait réveil de voyage.	☐
D	Il est peut-être déjà trop tard.	☐
E	OUI, j'accepte l'offre exceptionnelle qui m'est faite.	☐
F	Franchement, je ne comprends pas comment vous pouvez laisser passer une offre aussi extraordinaire. Avez-vous bien réfléchi ? C'est pesé, c'est bien calculé ? Vous le regretterez toute votre vie. Avec tout le mal que nous nous donnons pour vous. Vous nous faites beaucoup de peine, vous savez. Si, si, franchement. Nous n'aurions pas cru ça de vous. Par pitié, réfléchissez encore.	☐
G	Cochez la case et découpez le bon.	☐
H	10 % de réduction si vous répondez dans les 30 secondes.	☐

Corrigé

Toutes les réponses vous donnent 2 points.
La réponse F donne 3 points, selon le calcul suivant :

- 10 points d'opiniâtreté pour avoir tout lu ;
- moins 10 points pour avoir lu et avoir compris
- mais 1 point en plus des deux pour avoir bon cœur et n'être pas insensible à la pitié.

Votre capital stupidité à présent : ☐ points

EFFICACITÉ DE CONSOMMATION

Par correspondance, vous achetez plutôt :

A	Les livres gratuits sans obligation d'achat avant quinze jours.	☐
B	Les cuisines équipées, du Club de la cuisine de collection, envoyées franco de port à raison de deux par an.	☐
C	Les collections de médailles uniques numérotées avec buste de Beethoven-cadeau.	☐
D	Les maquettes de sous-marins d'époque réalisées avec un soin sans précédent du détail.	☐
E	Les fiches des grandes histoires d'amour.	☐
F	La série complète des pierres porte-bonheur à travers les âges, recommandées par Patrick Sabatier, Gérard Majax et Mireille Darc.	☐
G	Un abonnement d'un an à 12 détartreurs magnétiques de baignoire.	☐
H	Des cours d'hypnose.	☐

Corrigé

Toutes les réponses rapportent 5 points.

Ceux qui ne voient pas bien pourquoi se rajoutent encore 5 points.

Votre capital stupidité à présent : ☐ points

SENS DU JEU

1 – Vous préférez :

A	Les jeux où on fait des croix (Loto, Sécu).	☐
B	Les jeux où on gratte quelque chose.	☐
C	Les jeux télévisés où gagner des machines à laver et des lampadaires.	☐
D	Les jeux télévisés où applaudir ceux qui jouent et gagnent des lampadaires.	☐
E	Les jeux de lettres où on regarde les gens réfléchir.	☐
F	Les jeux télévisés où on s'aperçoit qu'on ne se dit pas tout entre époux.	☐
G	Les jeux télévisés où on fait tourner une roue horizontale.	☐
H	Les jeux télévisés où on élit le président de la République.	☐
I	Les jeux télévisés où on donne des vêtements aux petits Roumains, Bosniaques, inondés, etc.	☐
J	Les jeux télévisés où les stars jouent entre elles et gagnent à votre place.	☐
K	Les jeux par correspondance où l'on vous écrit gentiment que vous avez déjà gagné une limousine pour douze personnes.	☐
L	Les jeux dans les magazines de sport cérébral pour le trajet du métro.	☐

Votre capital stupidité à présent : ☐ points

Corrigé

Prenez un dé. Lancez-le. Donnez-vous autant de points que le chiffre indiqué par le dé.
Tous ceux qui n'ont pas de dé à portée de la main perdent 3 points.

2 – Vous grattez un billet de Tac O Tac...

A	Pour gagner, mais vous n'y croyez pas.	☐
B	Pour jouer, c'est marrant.	☐
C	Pour regarder les copeaux sur le comptoir.	☐
D	Pour passer à la télé.	☐

Corrigé

Les réponses A, B et D rapportent 2 points. La réponse C rapporte 3 points.
Ceux qui savent que ce n'est pas le Tac O Tac mais le Millionnaire qui peut permettre de passer à la télé se retirent 5 points.

Ceux qui viennent de se dire « Ah ben c'est pour ça que je gagnais jamais ! » se rajoutent 5 points.

Voilà. La première série de tests est finie. Vous pouvez être fiers de vous. Ils constituent en quelque sorte votre certificat d'hébétude primaire.

Votre capital de base après les tests de base :

☐ **points**

Votre capital stupidité à présent : ☐ points

Développer votre stupidité : les principes de base

« Il faut un commencement à tout. »
La Genèse

Nous savons maintenant d'où nous partons. Ne vous affligez pas : comme on l'a déjà dit, tout le monde peut progresser en stupidité et ce livre est justement fait pour ça. Il suffit de bonne volonté, de patience et de discipline. Et d'abord, commençons par le commencement.

Votre attitude physique

L'aspect physique est la première chose que les autres perçoivent de vous (sauf dans les cas particuliers du téléphone et du Minitel, qui font l'objet d'un traitement à part[1]). De plus, de récentes études ont montré que l'attitude, la façon de se tenir finissent par avoir

1. Voir plus loin. Ceux qui ont réfléchi que ce n'étaient pas les seuls cas particuliers, et qu'il y avait aussi la petite annonce, la lettre d'amour, la lettre anonyme de chantage au bord de la Vologne et le chèque volé s'enlèvent 15 points (sauf celui ou celle qui est le corbeau).

Votre capital stupidité à présent : [   ] points

un retentissement sur le comportement intellectuel. Ainsi, on trouve plus de gauchers que la moyenne parmi les lecteurs de *Libération*, et plus de footballeurs que la moyenne parmi ceux de *L'Equipe*. Votre attitude physique est donc à travailler en priorité, non seulement pour **paraître** mais surtout pour **devenir** stupide.

Le visage

Tout d'abord, le sourire. Il doit être désarmant. Toujours. Même un loubard de banlieue peut être désarmé par la stupidité, alors que la présence d'esprit l'agace, que la repartie l'exaspère et que la ruse, alors, le rend fou d'agressivité.

Pour travailler le sourire, entraînez-vous devant une glace (non, pas une crème glacée, un miroir). Commencez la bouche fermée, les extrémités légèrement tombantes, puis très lentement, très très lentement, relevez les coins en entrouvrant légèrement la bouche, en laissant un peu pointer votre langue et en inclinant la tête de côté. Le geste se termine lorsque la bouche est aux trois quarts ouverte et que, tout naturellement, elle laisse échapper une sorte de « Hèèè... » mi-interrogatif, mi-endormi.

En même temps, vous allez observer que vos yeux ont tendance à s'arrondir et vos sourcils à remonter tout seuls. Ce phénomène est dû à la sympathie entre les zygomatiques et les muscles oculo-exhausseurs [1]. Ce qui compte, c'est de bien acquérir le mouvement de telle sorte que vous puissiez le reproduire sans effort, de façon réflexe.

1. Mais cette précision est ici sans importance. Ceux qui ont espéré lire une cochonnerie à propos des muscles oculo-exhausseurs s'ajoutent 5 points, mais s'en enlèvent 3. Ne trichez pas. Ça fait en somme qu'ils s'en ajoutent 2. Ceux qui s'étaient trompés dans l'addition se rajoutent 3 points. Ça leur en fait 5, finalement, et de grâce ne calculez plus rien.

Votre capital stupidité à présent : [ ] points

Repartons maintenant du début. Ouvrez légèrement la bouche, dans l'attitude figée de celui qui essaie de comprendre. Gardez le regard fixe, avec juste un mouvement très lent des yeux, comme si vous suiviez une mouche (non, il n'y a pas vraiment de mouche, c'est juste pour dire, oui, c'est ça, vous voyez, vous avez **encore** essayé de comprendre...). Bon. Reposez-vous. Maintenant recommencez. Dites-vous que c'est comme l'aérobic mais en plus simple.

Le mouvement lent des yeux doit être si possible accompagné de toute la tête, qui doit osciller lentement de la gauche vers la droite. Si par hasard votre regard tombe sur quelque chose d'écrit, lisez-le en remuant vos lèvres (prenez exemple sur votre voisin de métro quand il fait ses mots croisés). A l'occasion, bavez un peu. Et enfin, envoyez ce fameux sourire. Pour les sujets les plus doués, le « Hèèè... » pourra se transformer en « Ah ouiii... ».

Vous voyez que ce n'est pas facile. Il faut un entraînement régulier, d'environ cinq à dix minutes tous les matins. Dites-vous bien que le secret est dans la régularité de l'entraînement. Le grand Paul Préboist lui-même, malgré la maîtrise à laquelle il est parvenu, continue à pratiquer tous les matins !

La posture (version assise)

Le principe de base de la posture stupide est le **relâchement complet**. Tout votre corps doit être complètement détendu, y compris les yeux et la bouche.

Asseyez-vous sur une chaise, le dos arrondi et les fesses en avant, les bras pendant entre vos jambes. Pour vous aider dans la relaxation, vous pouvez poser vos pieds sur une autre chaise installée en face de vous, à un mètre environ.

La tête, légèrement effondrée, doit être tournée vers le bas. La bouche doit être maintenue entrouverte, la

---

Votre capital stupidité à présent : [   ] points

langue pointant légèrement à l'extérieur. Les yeux sont noyés dans le vague. Les bras, abandonnés à eux-mêmes, pendent entre les genoux à moitié repliés. Le modèle idéal est la position de ce jeune que vous apercevez tous les matins dans votre R.E.R. ou votre train. Essayez de copier son attitude, mais **sans le chewing-gum ni le Walkman**. Pas facile, hein ?

A défaut, essayez d'imiter les postures les plus réussies des députés lors d'une session sur un amendement du plan d'occupation des sols, une après-midi de juin. Les sessions sont visibles à la télévision l'après-midi sur le canal Assemblée nationale, qui a reçu récemment le grand prix du toc-chaud à audimat négatif.

A présent que vous y êtes, exercez-vous à dodeliner doucement de la tête. Relaxez-vous, oubliez tout... Encore... Encore... Laissez vos pensées se former toutes seules... Un inhabituel sentiment de plénitude vous saisit. Vous commencez à vous demander quelles sont les chances de l'O.M. en deuxième division, ou à envisager un abonnement à *Télé Star*, ou à spéculer sur votre sélection à « La Roue de la fortune »... C'est une impression extraordinaire, que vous n'aviez jamais soupçonnée, même au plus fort de vos cours de yoga...

Arrêtez-vous après huit à dix minutes : il ne faut pas faire d'excès les premiers temps, tant que votre organisme n'est pas habitué.

L'idéal est de travailler la posture et la relaxation dix minutes chaque jour, le matin ou le soir, pendant deux à trois semaines. Puis vous pourrez passer à quinze minutes, toujours pendant trois semaines. Enfin vous pratiquerez une demi-heure chaque jour, pendant quinze jours.

La posture (version debout)

Très proche en fait de la posture assise, elle a des effets moins immédiats du fait de l'activité physique

---

Votre capital stupidité à présent : [ ] points

qui l'accompagne (marche). Elle peut donc se pratiquer en exercice d'accompagnement, à cadence quotidienne, dans la rue ou sur votre lieu de travail.

L'attitude générale est un relâchement complet du corps, le dos arrondi, les bras ballants, les mains pendantes. La tête est penchée vers l'avant, les yeux fixant un point imaginaire situé sur le sol, à quatre ou cinq pas devant vous. Comme toujours, la bouche reste légèrement ouverte et laisse à peine dépasser un bout de langue.

L'avancée doit se faire par un mouvement de la tête, que semble suivre tout le reste du corps. Faites comme si vous lanciez la tête en avant : vous devez sentir que c'est elle qui oblige le reste du corps à l'accompagner. Etudiez attentivement la démarche des poules, la prochaine fois que vous en verrez. Si vous n'en avez jamais vu sans cellophane [1], étudiez la démarche des footballeurs.

En résumé : vous devez donner l'impression **que vous ne savez pas où vous allez, mais que rien ne pourra vous empêcher d'y arriver.**

Si votre attitude est réellement bonne, vous vous en rendrez compte très vite, en constatant que les chargés de sondages et les reporters pour micro-trottoirs s'adressent à vous de plus en plus souvent, sans même parler de ceux qui proposent des revues d'art et d'essai ou des pétitions pour un Iran plus fraternel. (Ne vous inquiétez pas de ces aventures : elles sont traitées plus bas dans ce livre, pour vous aider à y faire face. Non, plus bas, c'est-à-dire quelques pages plus loin. On vous avertira.)

1. Le saviez-vous ? Avant d'être ce paquet froid et pâle, horriblement lisse et mou, bien qu'un peu grenu, comme muni de poignées sur les côtés, et plastifié dans un support de polystyrène à carreaux rouges, un poulet est un animal vivant, à deux pattes, qui vivait autrefois dans les campagnes. Ceux qui le savaient s'enlèvent 2 points.

Votre capital stupidité à présent : [ ] points

Votre attitude mentale

Nous venons de le voir, votre attitude mentale va se trouver en grande partie déterminée par votre comportement physique. Votre façon nouvelle de vous tenir va faire naître en vous un nombre croissant de pensées stupides. Mais en plus, les réflexions et les remarques qui auraient paru sensées en d'autres temps vont soudain sembler à votre entourage beaucoup plus convenablement stupides, rien que parce que vous adopterez en les proférant l'une des postures recommandées plus haut.

Néanmoins, il n'est pas inutile de doubler votre entraînement physique d'une discipline intellectuelle. Si ça ne fait pas de bien, ça ne fera pas de mal. (Si vous avez trouvé cet argument convaincant, vous êtes en progrès. Bravo.) D'où les quelques conseils suivants.

Premier conseil : laissez la stupidité venir à vous

Le grand philosophe Pascal (si vous ne l'avez jamais lu jusqu'à aujourd'hui, vous ne le lirez plus jamais, donc inutile de retenir ce nom) affirmait qu'il suffit de se mettre à genoux devant un crucifix pour se sentir devenir croyant. Pour la stupidité, c'est pareil. La posture fait le plus gros du travail.

Comment ? Nous l'avons déjà dit ? Et alors ? Tous ceux qui se sont fait cette réflexion se retireront 10 points à la prochaine série de tests, non mais sans blague. Bande de cancres, va !

Donc, ne fabriquez pas la stupidité. Ne vous forcez pas. Laissez-la venir à vous. Pour les plus handicapés de nos lecteurs, c'est-à-dire pour les plus intelligents, disons que la recherche de la stupidité est comme du Zen[1], mais en plus simple.

1. Zen : discipline orientale très exigeante de recherche de la stupidité fondamentale et absolue du monde, où il est réclamé des élèves

Votre capital stupidité à présent : [ ] points

Laissez-vous gagner par la stupidité. Mais surtout n'essayez pas de la composer. Qu'est-ce que veut dire composer ? Eh bien, construire. Dès que vous **pensez à être stupide**, paf, c'est raté. La vraie bonne stupidité doit être sans recul.

D'ores et déjà, imposez-vous cette règle : ne cherchez pas à approfondir, même si vous avez encore tendance à vouloir comprendre. Souvenez-vous que si on pensait à tout ce qu'on a en tête, on deviendrait fou. Ce n'est pas le but. Dites-vous que ce livre a un effet magique, suivez ses instructions, faites les exercices qu'il indique et conseillez-en l'achat à tous vos parents et amis. On ne vous en demande pas plus.

Second conseil : ne feignez jamais la stupidité

En toutes occasions, en toutes circonstances, une règle d'or : soyez **réellement** stupide. Ne faites pas semblant. Ne vous faites même pas plus stupide que vous ne l'êtes. D'abord, il ne faut jamais forcer sa nature ; ensuite, ça se voit (les gens repèrent vite ceux qui font les malins). Au point où vous en serez après deux ou trois semaines d'entraînement, vous en saurez déjà assez pour être très efficace. Et puis, ce n'est pas la peine de faire par vous-même ce que ce livre est fait pour faire à votre place.

Donc, ne feignez pas. Ce serait une erreur grossière. On est aimable, serviable avec quelqu'un de stupide. En revanche, malheur à celui qui feint la stupidité.

de s'asseoir les jambes croisées jusqu'à ce que ça fasse mal, de cesser de penser à quelque chose et de sourire béatement sans regarder de télévision. Quand les élèves ne progressent pas assez vite, on leur pose des questions qui les rendent fous, comme « comment applaudir avec une seule main ? », en leur tapant sur la tête. A la fin, les plus doués se prennent pour des papillons, et écrivent des livres. Dans les pays où la télévision fonctionne, le zen est devenu obsolète : tout le monde dès l'enfance sait applaudir d'une seule main.

Votre capital stupidité à présent : [ ] points

Celui qui s'en aperçoit pense qu'on l'a pris lui-même pour un imbécile, qu'on a voulu le battre sur son propre terrain – et maladroitement, en plus. C'est insupportable. On devient méchant, impitoyable et même cruel envers quelqu'un qui a voulu feindre la stupidité. C'est dire la gravité de ce qu'il ne faut pas faire.

Pendant des années, Patrick S. a fait illusion. Il avait réussi, à force de travail et de dissimulation, à faire croire à des millions de gens qu'il était réellement aussi stupide qu'eux. Il était aimé et apprécié par la très grande majorité des Français, qui le considéraient comme faisant un peu partie de leur famille. Les plus grands hypermarchés se l'arrachaient pour animer leurs rayons Fromagerie. C'était la gloire...

Et puis, un triste jour, la vérité est apparue : Patrick S. **n'était pas du tout aussi stupide qu'il en avait l'air**. Spéculant sur l'amour et la confiance de son public, Patrick trafiquait sans le moindre scrupule, se remplissant les poches grâce à de louches combines avec des fabricants de bijoux égyptiens. La réaction fut terrible. Après la stupeur et l'incrédulité, ce furent la colère et le mépris... Patrick fut chassé, jeté à la rue, ruiné.

Aujourd'hui Patrick S. est un homme brisé. Malgré des cours accélérés de stupidité authentique et un oral de rattrapage télévisé, il ne retrouvera jamais la ferveur populaire. Quelque chose de beau et de grand s'est brisé à tout jamais. C'est tout juste si on s'apitoie sur lui, car le stupide est gentil. Mais c'est tout. C'est beaucoup moins bien pour lui qu'avant.

Que cette triste affaire serve de leçon à tous ceux qui pourraient être tentés de feindre la stupidité. D'ailleurs, il faut être très intelligent pour feindre, quoi qu'on feigne. Alors pour feindre la stupidité, même du génie ne fait pas l'affaire. Exemple : Jean-Pierre P. et, d'une façon générale, tous les présentateurs ne font pas

---

Votre capital stupidité à présent : [ ] points

les imbéciles au journal télévisé : ils **sont** comme ça. Ils n'auraient pas été engagés sans cela.

Certains lecteurs se diront ici : « Mais est-ce qu'on nous prend pour plus stupides que nous le sommes ? » Grands dieux non ! Nous vous prenons pour moins stupides que vous ne pouvez l'être. Sans cela, ce livre n'existerait pas.

Troisième conseil : gardez l'esprit accueillant

L'une des caractéristiques de la stupidité est de ne s'étonner, et surtout de ne se scandaliser de rien. Tout paraît également juste et bon au vrai stupide (sauf les plaisanteries sur quelques sujets sacrés avec lesquels on ne rigole pas. Voir plus loin les chapitres consacrés aux rites et aux Grands Sujets). Aussi vos progrès seront-ils accélérés si vous pratiquez en permanence la technique de l'**accueil intellectuel**.

La technique de l'accueil intellectuel consiste à ne s'étonner de rien et à tout accepter. Vous devrez donc trouver normal et sain **tout** ce que vous pourrez voir et entendre.

Elle se résume en une seule formule, que vous avez peut-être déjà entendue, et qui peut s'appliquer à tout, objets, voisins, armes, chefs-d'œuvre, quand on ne sait plus très bien quoi en faire, en dire ou en penser : « Ça a le mérite d'exister. »

En effet, tout ce qui est au monde a au moins le mérite d'exister, même si ça n'en a strictement aucun autre. Par exemple, vous et moi. Ne l'oubliez jamais. Vous avez le mérite d'exister.

Dans le domaine de l'accueil intellectuel, la publicité télévisée est un merveilleux terrain d'entraînement. Vous devez accepter sans réserve, et même trouver amusant, qu'on vous montre des singes habillés pour parler d'une lessive, des singes tout nus pour vanter des pneus et des patineurs multicolores pour recommander une compagnie d'assurances. Attention ! Ne

---

Votre capital stupidité à présent : [ ] points

cherchez pas à comprendre **pourquoi** on vous montre ça et pas autre chose (voir plus loin, le chapitre qui vous conseille sur la publicité). Vous devez **accepter** et **adhérer** sans la moindre réserve... c'est beaucoup plus dur que ça n'en a l'air. Pour vous aider, vous pouvez prendre, face à votre téléviseur, la posture assise (voir plus haut[1]).

Très rapidement, vous allez vous rendre compte que vous portez un regard différent sur les gens et les choses. Ou plutôt, vous ne vous en rendrez pas compte ; simplement, tout vous paraîtra de plus en plus agréable et sympathique. Vous-même serez mieux accueilli : bientôt, on dira aussi de vous : « Oh, au moins, il a le mérite d'exister. »

Pour accentuer cet effet, recherchez en toutes circonstances la serviabilité, l'obligeance sans servilité. Par exemple, vous pourrez signaler à l'agent de police qui vous dresse une contravention qu'il a de l'œuf sur son revers. Ce n'est qu'un exemple.

D'une façon générale, **soyez gentil** : cela étonne toujours tout le monde, même si la stupidité fait aujourd'hui progresser la gentillesse de façon spectaculaire.

Acceptez tout sans rien remettre en cause. Cessez de feindre que vous avez compris lorsque quelque chose vous échappe. Admettez que vous n'avez rien pigé, que vous ne savez pas à quoi un objet sert, ou comment il marche. Ne prenez pas l'air entendu, sauf si vous avez vraiment compris (rappelez-vous : ne jamais simuler la stupidité !). En revanche, vous pouvez prendre un air professionnel à propos des choses les plus ouvertement compliquées, celles auxquelles personne ne comprend rien : le G.A.T.T., les taux d'intérêt ou le serpent monétaire. Dites que vous en avez visité un élevage, qu'ils sont très venimeux...mais qu'ils ont le mérite d'exister. Vous vous ferez rapidement des tas d'amis.

1. Attention, ne confondez pas avec la note sur le zen.

Votre capital stupidité à présent : [ ] points

Quatrième conseil : la stupidité n'est pas la bêtise !

Pour clore ce chapitre, nous allons faire un peu de théorie. Ceux qui se sentent déjà assez avancés en stupidité pour trouver ce passage confus, inutile et ennuyeux **dès son titre** peuvent passer aux pages suivantes. C'est bon signe. Quelqu'un de véritablement et franchement stupide ne supporte pas tout ça aussi longtemps.

Mais n'allons pas trop vite : cette réaction peut aussi se produire par bêtise. Or justement, et c'est ce que nous voulions souligner, la bêtise **n'est pas** la stupidité, car **la stupidité ne fait jamais preuve de mauvaise volonté**.

Il ne faut donc pas sauter ce passage par bêtise, mais par stupidité vraie. Comme, à ce stade, vous n'êtes pas encore sûr de vous, nous vous conseillons quand même un petit effort. (Ça ne vous rapporte pas de points, mais ça n'en enlève pas non plus.)

La bêtise a quelque chose d'actif, qui peut paraître agressif et dangereux. On sent vite que quelqu'un de bête peut parvenir à nuire activement, **même sans le chercher.** Avec le temps, on a associé la bêtise à la méchanceté, ce qui est fort bien vu. L'expression « bête et méchant » dit bien ce qu'elle veut dire.

La stupidité, comme le début de son nom l'indique, contient de la **stupeur**, c'est-à-dire un mélange d'étonnement et d'immobilité. A ce titre, elle est passive, inerte, inefficace, et donc inoffensive.

Attention, ça devient vraiment compliqué : on dit souvent de quelqu'un : « Qu'il est bête, celui-là ! », alors qu'on veut simplement dire qu'il est stupide. C'est une erreur. (Une erreur où il entre un peu de bêtise et un peu de stupidité, mais ne compliquons pas les choses.)

Pour vous permettre de vous y retrouver, voici un truc simple : quand on dit de quelqu'un « Qu'il est bête ! » en rigolant avec tendresse, c'est qu'il est stupide, mais pas radicalement bête. De quelqu'un de vraiment bête, on dit : « Qu'il est bête ! » avec une sorte de

---

Votre capital stupidité à présent : [ ] points

méfiance haineuse, de crainte précautionneuse, en jetant un regard de rancune préalable. La véritable bêtise apparaît tout de suite comme **nocive**. C'est des choses qu'on sent.

Et, diront certains lecteurs curieux[1], qu'en est-il de la **connerie** ? Eh bien, la connerie est le nom que les imbéciles donnent à la bêtise. Elle est active, et même parfois inventive. La stupidité, au contraire, n'invente pas et ne nuit jamais de façon active.

Vous ne devez donc pas chercher à être celui dont on dit : « Quel con, celui-là ! » (Tant que vous entendrez cela, changez de fréquentations.) Mais vous devrez chercher à être celui ou celle dont on dit : « Bien sûr. Mais alors, il est d'une gentillesse !... »

TESTS DE CONTRÔLE

Vous devrez vous astreindre à pratiquer les exercices physiques et intellectuels ci-dessus pendant une petite semaine. Passé ce délai, vous pouvez vous attaquer aux tests ci-dessous. Normalement, vous devriez déjà remarquer quelques progrès...

1 – Dans la rue, on vous propose de participer à un sondage sur des marques de bière. Vous êtes :

A	Emu(e).	☐
B	Flatté(e), et vous espérez faire un bon score.	☐
C	Gêné(e), car vous n'êtes pas coiffé(e).	☐
D	Mal à l'aise car vous n'avez pas repassé vos leçons.	☐
E	Ivre.	☐

1. Qui, là, perdent 5 points, quand même.

Votre capital stupidité à présent : ☐ points

Corrigé

Aucune de ces réponses n'est réellement satisfaisante, puisque vous devez normalement accueillir tout ce qui vous arrive avec la même égalité d'humeur. Néanmoins, en tenant compte du fait que vous débutez, toutes les réponses sauf la E valent 1 point.

2 – Lors d'une grève des trains de banlieue à la gare Saint-Lazare, on vous demande : « Que pensez-vous de cette grève ? » Vous répondez plutôt :

A	Il faut bien que tout le monde travaille.	☐
B	Il faut bien que tout le monde vive.	☐
C	Ça permet de faire un peu de marche à pied jusqu'à Marnes-la-Coquette, c'est sympa.	☐
D	Vous sauriez pas à quelle heure passe le prochain, vous ?	☐
E	Ça passe à quelle heure, vot' truc ?	☐
F	C'est vraiment embêtant s'il pleut sinon, ça va, j'ai mes mots fléchés.	☐
G	Je suis solidaire avec les camarades en lutte.	☐
H	Est-ce ainsi que les hommes vivent ?	☐
I	C'est bien joli, mais comment font ceux qui travaillent pour aller à leur boulot ?	☐

Corrigé

- Les réponses A et B rapportent 2 points.
- La réponse C rapporte 3 points, sauf pour ceux qui l'auraient prise au second degré et qui doivent alors enlever 5 points. Ceux qui ne connaissaient

Votre capital stupidité à présent : ☐ points

pas l'expression « second degré » se rajoutent 1 point. Ceux qui auraient bien coché C mais ne l'ont pas fait parce qu'ils n'habitent pas à Marnes-la-Coquette se rajoutent 4 points.

- La réponse F rapporte 5 points.
- Les réponses D et E enlèvent 1 point pour opportunisme.
- Les réponses G et I enlèvent 1 point, l'une pour mauvaise humeur, l'autre pour bêtise.
- La réponse H enlève 3 points. Vous êtes incorrigible, vous !

3 – Laquelle de ces phrases n'est pas de Racine ?

A	Le jour n'est pas plus pur que le fond de mon cœur.	☐
B	Bon, cela fait toujours passer une heure ou deux.	☐
C	Les instants les plus beaux ne sont pas les plus chers.	☐
C	Quand les bornes sont franchies, il n'y a pas de limites.	☐
C	Encore heureux que la *Marie-Josèphe* soit un bon bateau.	☐

Corrigé

La bonne réponse est la C.

Pour vous aider, nous avions mis trois fois le même repère. Ceux qui l'avaient vu s'enlèvent 10 points. Ceux qui ne trouvent pas les trois repères identiques s'ajoutent 20 points

---

Votre capital stupidité à présent : ☐ points

4 – Laquelle de ces devises pourrait être la vôtre ?

A	En cas de guerre mondiale, je pars à l'étranger.	☐
B	Le dollar.	☐
C	Il n'y a que les imbéciles qui ne changent pas d'avis.	☐
D	On n'entend jamais que les questions auxquelles on peut apporter une réponse.	☐
E	Je ne suis pas plus bête qu'un autre.	☐

Corrigé

- Ceux qui ont sincèrement répondu A s'ajoutent 3 points. Ceux qui ont répondu A pour faire les malins se retirent 3 points.
- Ceux qui ont répondu B se retirent évidemment 5 points. Ceux qui ne comprennent pas pourquoi se rajoutent 1 point.
- Ceux qui n'ont pas compris la signification de la réponse D se rajoutent encore 3 points.
- Les réponses C et E rapportent 2 points.

5 – Que répondriez-vous à la phrase : « Il n'y a plus de saisons » ?

A	C'est dur pour tout le monde.	☐
A	Non seulement ça, mais vous avez entendu ce qu'a dit Gillot-Pétré ?	☐
B	Je le disais hier à mon beau frère.	☐
C	J'allais le dire.	☐
D	Ouoh ?	☐

Votre capital stupidité à présent : ☐ points

Corrigé

Toutes les réponses sont bonnes et rapportent 1 point.

Il y a deux réponses notées A. Cette fois, c'était sans raison, juste pour le plaisir. Ceux qui ne l'avaient pas remarqué se rajoutent 2 points. Ceux qui l'avaient remarqué et se sont demandé pourquoi se retirent 6 points, pour ce manquement à la discipline de l'accueil intellectuel.

6 – Lisez bien le texte suivant, puis cochez la case qui vous paraît la meilleure :

« *La gonzesse s'était mariée trop tôt à un nul genre infirmier du* SAMU. *Elle se faisait chier chez les bouseux, et n'arrêtait pas de rêvasser sur des romans-photos. Un jour arrive un gommeux snob, qui se pointe et lui fait une drague d'enfer. La meuf sait plus où elle habite, le type la lui met vite fait. Ils se paient du bon temps sur le dos du mari, mais les choses se gâtent, après le salon de l'Agriculture, je crois bien. Tout ça finit qu'elle avale une capsule de cyanure.* »

A	Ça rappelle de loin *Madame Bovary*.	☐
B	Savent plus quoi raconter dans les journaux.	☐
C	Mais où ils vont chercher tout ça ?	☐
D	La réalité dépasse la fiction.	☐

Corrigé

Tous ceux qui ont répondu A perdent 10 points et auraient pu gagner un abonnement à *Lire* dédicacé par Pierre Perret. Les autres gagnent 1 point d'assiduité et d'endurance.

Votre capital stupidité à présent : ☐ points

7 – Ce texte est le résumé d'une œuvre célèbre. Laquelle ?

« *Ils s'aiment mais ils ne sont pas du même milieu. Ils se marient quand même. Elle meurt, finalement. Lui ne se sent pas bien non plus. Ça s'arrangera avec le temps.* »

A	*Roméo et Juliette*	☐
B	*Bérénice*	☐
C	*Ben-Hur*	☐
D	*2001, l'odyssée de l'espace*	☐
F	*Partouzes nuptiales, violences anales*	☐
G	*Le Jour le plus long*	☐
H	*Love Story*	☐

Corrigé

- Les réponses B, A et H font perdre dans l'ordre 2, 3 et 4 points. Dans un ordre différent, on ne perd pas de points. Ceux qui n'ont rien compris à cette explication mais lui trouvent quelque chose de familier se rajoutent 3 points.
- Ceux qui ont répondu C, D ou G doivent confondre, ou alors ils se sont endormis avant la fin.
- Ceux qui ont répondu F ont peut-être raison, nous ne sommes pas à même d'en juger. A tout hasard, qu'ils se rajoutent 1 point.
- Ceux qui ont réussi à cocher E se rajoutent 10 points.

Votre capital stupidité à présent : ☐ points

8 – De toutes ces notions, quelle est celle qui contient le plus de blanc ?

A	Le but en blanc	☐
B	La balle à blanc	☐
C	Le vote blanc	☐
D	Le petit blanc	☐
E	Le carré blanc	☐
F	Un albinos	☐
G	Un premier communiant	☐
H	La neige	☐
I	La farine	☐
J	Le sel	☐
K	Le poulet	☐
L	Le sucre	☐
M	Le sucre glace	☐
N	La dernière lessive avec accélérateur	☐

Corrigé

Quelle que soit la réponse, tous ceux qui ont réfléchi pour répondre de leur mieux se rajoutent 6 points. Il fallait vraiment être stupide pour vouloir répondre à une question pareille.

Mais d'un autre côté, c'est vrai qu'ils ont réfléchi, donc pesé le pour et le contre, cherché à comprendre... Mouaais, c'est pas évident, cette affaire... Bon, allez, tous comptes faits, qu'ils s'ajoutent seulement 2 points.

D'ailleurs, pendant qu'on y est, ceux qui ont mis

Votre capital stupidité à présent : ☐ points

n'importe quoi au hasard n'ont qu'a s'ajouter eux aussi 2 points.

La meilleure réponse était quand même la dernière. Que cela vous serve de leçon : *c'est toujours la dernière lessive qui contient le plus de blanc*.

9 – Quelle question poseriez-vous à ce livre ?

A	Est-ce que vous vous foutez de ma gueule ?	☐
B	Vous en vendez beaucoup ?	☐
C	Puis-je guérir ?	☐
D	Puis-je prêter ce livre à ma femme ?	☐
E	Comment dois-je prendre le fait que ma femme m'ait acheté ce livre ?	☐
F	Ce livre va-t-il m'aider à trouver un emploi ?	☐
G	Est-ce que vraiment, je ne suis pas plus bête qu'un autre ?	☐

Corrigé

Ecoutez, vraiment, vous nous flattez beaucoup et même, vous nous gênez un peu... Nous ne savons que répondre à une question témoignant d'une telle confiance en nous. Réellement nous sommes très touchés. Si, si... En tout cas vous avez toute notre sympathie.

A part ça, ceux qui ont répondu A se retirent 15 points.

Votre capital stupidité à présent : ☐ points

DEUXIÈME PARTIE

Stupidité et vie quotidienne

Quelques mots d'introduction...

Maintenant que vous avez commencé à travailler sur vous-même, nous allons passer à votre façon d'envisager le monde qui vous entoure. Vous allez le constater, les occasions de développer votre stupidité sont partout. C'est que le monde moderne est très bien fait.

Le principe de base : profiter de toutes les occasions

La personne stupide vit dans un monde enchanté, taillé sur mesure pour elle. Très souvent, elle ne s'en doute pas. Et pourtant ! Les plus grosses entreprises lui écrivent personnellement pour lui apprendre qu'elles ont mis de côté, à son intention, une Ferrari, un séjour résidentiel aux Maldives ou plus simplement un milliard de centimes. Les journaux s'échinent à lui faciliter la vie en répondant par des tests et des dossiers spéciaux à ses questions les plus intimes, « Faut-il craindre la canicule ? » ou « Après l'amour, que faire pour ne pas casser l'ambiance ? ». Ses distractions sont assurées par des jeux télévisés simples et gais, pleins de paillettes, de canapés-lits et de poêles autocuiseuses à fonctions intégrées. Enfin, tout le monde est gentil avec elle, à commencer par ses collègues de bureau

---

Votre capital stupidité à présent : [ ] points

qui professent à son égard une tendresse fondée sur l'absence de toute crainte comme de toute rivalité.

Or ce monde n'est pas réservé à une certaine élite intellectuelle. Il est accessible à chacun. Même à vous. Si, si. Simplement vous n'y aviez jamais fait attention, ou vous pensiez à autre chose.

Et pourtant, c'est écrit :

« *Vous avez personnellement, vous-même, Monsieur Madame ICI VOTRE NOM, été choisi(e) par tirage au sort gagnant pour avoir déjà gagné un milliard de centimes, plus une Ferrari aux deux premiers gagnants qui sont peut-être vous.* »

Vous ne nous croyez pas ? Réfléchissez. Pardon : souvenez-vous. Vous n'avez jamais trouvé dans votre courrier de petites annonces pour grand sorcier africain ? Vous n'êtes jamais tombé, en zappant, sur « Le Juste Prix » ou sur « Dimanche Martin » ? Vous n'avez jamais, même chez le coiffeur, ouvert un numéro de *Maxi* ? Ah ! Vous voyez bien... Simplement, vous ne vous y êtes pas arrêté... Vous êtes passé à côté de l'occasion.

Pour augmenter votre capital de stupidité, il va vous suffire de tirer parti de toutes ces occasions que, jusque-là, vous avez laissées passer. En d'autres termes, c'est en laissant le bonheur venir à vous que vous le trouverez. Il vous suffit de participer à fond, honnêtement et joyeusement (ce sera un peu dur au début, mais avec le temps ça deviendra de plus en plus facile, vous verrez).

Certains lecteurs moins doués (c'est-à-dire plus malins) reconnaîtront ici le principe de l'accueil intellectuel exposé dans le chapitre précédent. C'est en effet la même idée de base, mais avec une petite exigence supplémentaire : votre attitude doit devenir **active** et non plus passive. Ou, si vous préférez, vous devez répondre favorablement à toutes les occasions que vous

---

Votre capital stupidité à présent : [ ] points

pourrez rencontrer de mettre en œuvre un comportement stupide.

Evidemment, si vous avez ressenti le besoin d'acheter ce livre, c'est que vous n'avez pas l'habitude d'un tel comportement. Rassurez-vous, nous sommes là pour vous aider. Ci-dessous, nous vous indiquons la marche à suivre dans les principales circonstances de la vie de tous les jours.

Maintenant, si certains lecteurs ont eu un peu de mal à suivre tout ce qui précède, c'est qu'ils sont en bonne voie. Qu'ils continuent !

Votre capital stupidité à présent : [ ] points

Stupidité et vie pratique

« Il y a plus de choses dans le four à micro-ondes que vous venez d'acquérir que n'en peut lc rêver toute votre philosophie. »
Manuel d'utilisation du four Réf. WS-822 H Philips

La vie pratique devient de plus en plus pratique. C'est-à-dire qu'elle devient de plus en plus compliquée, mais au fur et à mesure, elle est dotée de plus en plus d'appareils aussi compliqués qu'elle, et qui ainsi la rendent simple. Oui, tout ça n'est pas simple. Oubliez ce que vous venez de lire. Retenez seulement ceci : la vie pratique du stupide est régie par deux entités : les appareils pratiques et les conseils pratiques.

Les appareils : généralités

On appelle **appareil** tout objet au maniement mystérieux et au fonctionnement compliqué qui vous est vendu afin de vous simplifier la vie en répondant à vos besoins.

Retenez bien cette formule : les appareils « répondent à nos besoins ». Un peu comme votre chien, sauf qu'il n'y a même pas besoin de siffler. Les appareils viennent à vous tout seuls et, donc, comme on peut le lire partout, ils « répondent à tous vos besoins ». C'est

---

Votre capital stupidité à présent : [   ] points

donc que vous en avez, des besoins. Cherchez bien, vous verrez qu'ils étaient là. Et si vous ne trouvez pas, faites tout de même confiance à ceux qui vous le disent.

Exemple : vous croyez ne pas avoir besoin d'un téléphone, en dehors de votre maison ou de votre bureau. C'est une erreur. Il suffit d'acheter un téléphone portable pour se rendre compte à quel point, **sans le savoir**, vous pouviez en avoir besoin. Vous voyez tout de suite que vous pouvez faire désormais ce qui jusqu'ici ne vous serait même pas venu à l'idée : réserver une table de restaurant sur le quai du métro ou hurler au milieu d'un carrefour, en plein quartier des Champs-Elysées, pour donner quelques instructions confidentielles. On vous a donc révélé un besoin dont vous ne vous doutiez même pas.

Ce n'est qu'un exemple. Pensez à tous les besoins dissimulés, de la même façon, dans les appareils que vous n'avez pas encore pensé à essayer ! Ils contiennent tous de quoi répondre à vos besoins, même si ce sont des besoins dont vous n'avez pas l'usage. Ils sont, en tout cas, capables d'y répondre. Ils ne mentent donc pas.

Concrètement, la règle est très simple : il vous suffit d'essayer tous les nouveaux appareils que vous pouvez rencontrer, sans avoir à réfléchir, puisque de toute façon vous ne pouvez ressentir avant de les avoir essayés les besoins qu'ils peuvent satisfaire.

Exemple intéressant de nouvel appareil pratique, on peut citer la machine appelée **Stepper**, que l'on trouve actuellement en vente dans tous les bons magazines télé. C'est, en gros, un appareil permettant de profiter, bien à l'abri chez soi, des bienfaits de la marche.

Cet appareil se compose de deux pédales, disons plutôt des repose-pieds, l'un rose, l'autre bleu (visiblement

---

Votre capital stupidité à présent : [   ] points

pour éviter les confusions entre pied gauche et pied droit ; cela prouve qu'on a pensé à tout). Ces deux pédales n'actionnent rien, mais résistent lorsqu'on pousse dessus, même avec les mains. (C'est précisé dans le texte de la publicité.) Elle permet donc à qui se tient debout dessus (y compris debout sur les mains) d'effectuer un mouvement comparable à celui de la marche, mais en restant **sur place**.

On peut ainsi, grâce au Stepper, aller nulle part en faisant quand même les mouvements de la marche, avec tous les efforts qu'elle exige.

Le Stepper permet ainsi de se fatiguer comme lorsqu'on monte l'escalier d'un sixième sans ascenseur, mais **sans peine**, chez soi, dans son appartement de ce sixième sans ascenseur où il a fallu le monter et d'où on ne sort plus pour éviter l'effort, et où l'on reste à l'abri des regards (ce qui est conseillé, vu l'allure qu'on a). L'appareil est d'ailleurs vendu uniquement par correspondance, afin d'éviter à ses acquéreurs tout déplacement fatigant.

Tout cela est idéal pour les cardiaques, les arthritiques, les nonagénaires hémiplégiques et tout un groupe immense de personnes qui regrettent de ne plus pouvoir se fatiguer comme avant. Mais surtout, c'est excellent pour tous les amateurs de stupidité pure.

Pour vous, madame : les appareils ménagers

Les appareils ménagers constituent un important sous-groupe de la catégorie des appareils. Comme leur nom l'indique, ils répondent essentiellement aux besoins de la vie **ménagère**. Or celle-ci présente quelques particularités : elle est vécue essentiellement par des femmes (le terme technique pour désigner une femme est « Ménagère »), elle est assez prenante, mais elle se

---

Votre capital stupidité à présent : [ ] points

réduit pourtant à quelques activités répétitives simples (lessive, cuisine, repassage, dépoussiérage...). La recherche de nouveaux besoins a donc laissé place à la recherche de nouvelles façons de répondre **encore mieux** aux mêmes besoins anciens.

Règle de base numéro 1 : **il y a toujours un outil moderne pour vous simplifier la vie**. Comme a pu le dire un démonstrateur vu à la télé en présentant un four intelligent : « Le consommateur moderne n'a plus à réfléchir, il lui suffit d'appuyer sur un bouton. » Plus la peine de penser, il suffit de dépenser. Pourquoi se casser la tête, puisqu'on peut casser sa tirelire (et même avec le crédit, la tirelire qu'on n'a pas[1]). On se demande où on avait la tête avant.

Donc, la première démarche consistera à acquérir, de préférence à crédit, un maximum d'appareils ménagers. Mais attention ! Pas n'importe lesquels. Vous achèterez l'appareil intelligent, celui qui a le sixième sens et toutes les Nouvelles Fonctions Intégrées. Retenez bien ces mots, Nouvelles Fonctions Intégrées. Plus il y en a d'intégrées, meilleur c'est.

Rappelez-vous qu'il est possible de moderniser n'importe quel appareil qui vous paraissait déjà complet. Vous pourrez ainsi jeter à date régulière des appareils encore neufs ou en état de marche. Si vous êtes bretonne, votre mari pourra même, comme le suggèrent certains fabricants de machines à laver, partir en barque au petit matin avec votre fils pour aller les balancer en haute mer. De cette façon, il joindra l'agréable à l'utile.

En bref, n'hésitez jamais à acquérir un appareil avec

1. D'où le slogan : « Acheter à crédit, c'est payer content », qui malheureusement n'a pas été compris des consommateurs à qui on l'a dit, et qui, pour cela, a reçu le grand prix 1991 des causes nationales mal entendues.

Votre capital stupidité à présent : ☐ points

des Fonctions Intégrées plus Nouvelles que les vôtres. Leur devise est : « Comment faisait-on avant ? »

Mais, et c'est la règle de base numéro 2, **rien ne remplacera jamais les recettes à l'ancienne**. Leur devise est : « Avant, on faisait mieux. » Aussi, vous penserez à acheter en même temps le fait-tout en fonte, le panier à salade en fil métallique inoxydable, la cocotte à poisson en cuivre provençal et le caquelon à fondue franc-comtoise en acier du Creusot livré en cadeau avec les 1 000 recettes de cancoillotte (3 par jour). Vous les mettrez dans le placard du haut, à côté du nécessaire à fondue électronique à sensor qui fait aussi barbecue et rasoir à crêpes velues.

Vous serez aidée dans votre effort par les fêtes, Noëls et anniversaires, ainsi que par la fête des mères. Si vous avez convenablement appris à vos enfants et/ou à votre mari le savoir-vivre stupide, ils ne manqueront pas de regarder le télé-achat et les pubs quinze jours avant ces dates clés.

Attention, cet exercice devient de plus en plus compliqué avec le temps. Il sera bientôt difficile de vous offrir quelque chose, à « vous qui avez déjà tout ». Mais faites confiance aux enfants, à la télévision, et à leur rapport. La limite : s'ils vous offrent une console Sega. Dans ce cas, signalez-leur gentiment que cela, ce n'est pas de la gentillesse stupide, mais de l'égoïsme. Vous n'avez pas assez surveillé vos enfants (voir chapitre sur l'éducation).

Enfin, souvenez-vous qu'en tant que consommatrice vous êtes **protégée**. Vous avez le droit de pousser les appareils modernes à la limite de vos ressources de stupidité, pourvu qu'elles ne soient pas prévues dans le mode d'emploi. En cas de procès, vous gagnez. Exemple : le chat dans le four à micro-ondes (rappelez-vous, c'était une note de la page 14). Vous avez éga-

---

Votre capital stupidité à présent : | | points

lement le droit d'acheter Moins Cher Ailleurs, d'Acheter Deux Choses Pour le Prix D'Une, de Profiter Des Occasions Exceptionnelles.

Les conseils

Même sans appareils, la vie pratique peut devenir pratique. En effet, il reste les **conseils**. Qu'est-ce qu'un conseil ? C'est un avis donné par quelqu'un que vous ne connaissez pas sur un sujet que vous connaissez ; mais un avis autorisé dans la mesure où il est imprimé et parfois même vendu. Les magazines, en particulier les magazines télé, débordent de conseils, d'astuces, de fiches et de recettes.

Certains lecteurs pourront faire remarquer que ce livre répond lui-même assez bien à cette définition du « conseil ». Nous répondrons que non, parce que pour l'instant le lecteur s'y connaît encore moins que nous en stupidité. La preuve : c'est nous qui avons écrit ce livre, pas lui. Et d'ailleurs, qu'il se retire 20 points au prochain test. Mais revenons à nos moutons.

Vous retiendrez cette notion essentielle : il existe des recettes sur tout pour vous simplifier la vie. Cela va du nettoyage des taches de jus de mangue sur les manteaux d'astrakan jusqu'à la façon de transformer un baril de lessive en lit à baldaquin façon Pompadour. Bien entendu, la multiplicité des fiches-conseil fait que n'importe qui deviendrait fou à essayer de les lire ou, pire encore, de les mémoriser. Heureusement, les conseils ne sont pas faits pour ça.

Le but d'une fiche-conseil est d'être **collectionnée**, c'est-à-dire rangée avec les autres dans un grand fichier en plastique ou en carton, de préférence suivant un ordre précis.

Vous pratiquerez donc de cette façon : d'une part vous collectionnerez assidûment toutes les fiches qui

---

Votre capital stupidité à présent : [ ] points

pourront vous passer sous la main. (En vrac : vous les trierez un jour où vous avez le temps[1].)

Mais ce n'est pas tout : vous n'oublierez pas de commander à chaque fois le splendide fichier en carton bouilli avec coins en skivertex rehaussés à la dorure imitation or fin, plus en cadeau les dix-sept intercalaires, les sachets en plastique protecteurs de fiches et – en option – vos initiales sur le couvercle si vous répondez dans les quarante-huit heures.

De temps à autre, pour accompagner vos coups de ciseaux, vous pourrez laisser votre œil glisser sur la fiche que vous découperez. Vous vous rendrez alors compte de la chance que vous avez de disposer, à domicile, d'une telle somme de conseils judicieux.

Saviez-vous par exemple que, à défaut de médicaments, une bassine d'eau où se tremper les fesses peut faire merveille ? C'est en tout cas ce qui a paru sensé à des centaines de milliers de stupides. Selon la loi : il y a un fond de vérité à tout, même aux bassines d'eau froide.

Une fois que vous aurez collectionné les recettes, vous pourrez les mélanger : de toute façon elles ne sont pas toxiques. Si jamais c'était le cas, on vous dédommagera après le procès. Par exemple, il n'est pas nocif de tremper une fiche-cuisine dans une bassine d'eau tiède pour se guérir du rhume. Que ceux qui en meurent nous écrivent : nous leur rembourserons ce livre.

1. Cela donne lieu à d'amusantes cérémonies familiales au cours desquelles, un jour de pluie et de télé en panne, parents et enfants classent ensemble, pendant des heures, les fiches roses avec les fiches roses et les fiches jaunes avec les fiches jaunes. Quand c'est fini, on met tout dans la grosse boîte-fichier, on ferme la boîte avec mille difficultés et on la range dans le placard du haut, à côté des appareils ménagers. Un jour elle tombe, s'ouvre, tout se remélange. L'ensemble est prêt pour une deuxième partie de rangement. N'est-ce pas amusant ?

Votre capital stupidité à présent : [ ] points

L'automobile, ou voiture

Il nous paraît inutile de vous expliquer ce qu'est une voiture.

Quoique...

Oh, et puis non, vraiment.

La voiture, entre autres avantages, permet d'atteindre à des niveaux de stupidité assez remarquables. Prétendument conçue pour faciliter les déplacements et raccourcir les temps de trajet, elle permet de consacrer plus de temps et d'argent à un aller simple Lyon-Paris qu'il n'en fallait au temps d'Ulysse pour un aller-retour Ithaque-Troie.

Bien entendu, ceux qui ont compris cette allusion se retirent 15 points ; ceux qui auront ri (qu'ils aient compris ou non) s'en retirant 25.

Voiture et collectivité

Pour en revenir à la voiture, elle permet d'illustrer une règle simple et fondamentale de la stupidité : « Pour qu'une activité normalement raisonnable devienne stupide, **il suffit de la pratiquer à très grande échelle en même temps que tout le monde**. » Dans le cas de l'automobile, la réussite est totale, puisque chacun choisit de s'en servir pour aller plus vite, et tout le monde se retrouve ainsi ralenti, voire arrêté par les

---

Votre capital stupidité à présent : [   ] points

autres. C'est l'effet dit « de la stupidité par le nombre », effet que l'on pourra également observer l'hiver, dans les stations de ski, et l'été, dans les campings ou sur les plages.

Cet effet profite à la santé économique : il a permis d'inventer des améliorations. Exemple : la première classe dans les transports en commun. Comme il est inconfortable de s'écraser ensemble dans un même wagon, on décrète que l'accès à certains compartiments **coûtera plus cher**. Moins de gens y vont. Du coup, le confort y est meilleur, et cela justifie que la place y soit plus chère[1]... N'importe qui de moderne admet cela. Pour être encore plus moderne, on souhaite que tout le monde ait accès au confort. Et on supprime la classe la moins chère. Bientôt, tout le monde s'entasse plus confortablement dans des places plus chères.

Pour en revenir (*bis*) à la voiture (facile, elle n'a pas avancé depuis tout à l'heure, c'est toujours bloqué devant, je ne sais pas ce qu'ils fabriquent), notons qu'elle permet aussi d'effectuer d'agréables promenades, par exemple pour se rendre dans des endroits qui étaient absolument magnifiques avant qu'on y installe un échangeur d'autoroute. En ville, la voiture génère non seulement des embouteillages mais de la pollution. Cette pollution menace d'asphyxier les piétons et les joggers. Elle rend donc la marche à l'extérieur fort périlleuse. C'est pourquoi on a pu voir apparaître des appareils de marche en appartement, ou Stepper (voir plus haut). Vous voyez comme tout ça s'emboîte bien ?

1. Exemple étonnant de valeur ajoutée à partir de rien. Mais bon, c'était une remarque économique sans rapport avec notre sujet et d'ailleurs c'est un peu technique. Excusez-nous et oubliez tout ça.

Votre capital stupidité à présent : [   ] points

Circulation et stationnement. Leurs rapports

Le problème des embouteillages en zone urbaine pourrait être partiellement résolu, grâce à une utilisation réduite de l'automobile. Heureusement, une autre invention stupide a permis d'éviter ça. Il s'agit du **parcmètre**.

Comme chacun sait, le parcmètre est un objet, comparable au mât totem des Indiens d'Amérique du Nord, auquel il faut offrir un sacrifice à dates régulières, sous forme de pièces de monnaie, afin de conjurer le mauvais sort. Il y en a sûrement une plantation en bas de chez vous[1].

Donc, on pourrait réduire les embouteillages en évitant d'utiliser sa voiture pour se rendre, mettons, à son bureau. Mais comme la voiture est garée près d'un parcmètre, il faudrait quitter son bureau toutes les deux heures pour revenir près de son domicile mettre des sous, ce qui est malcommode. On préfère donc prendre sa voiture pour aller travailler (même si ça prend du temps), la garer près d'un autre parcmètre proche de son bureau, descendre de temps en temps mettre des sous dans cet autre parcmètre et reprendre sa voiture le soir pour la regarer près du parcmètre en bas de chez soi.

Vous rigolez, mais vous faites ça tous les matins. Et dans le même temps il y a sûrement des gens, dont le domicile est situé à proximité de votre bureau, qui viennent en voiture travailler à leur bureau, pas très loin de votre domicile.

On estime que 60 % à 70 % des embouteillages en zone urbaine trouvent leur origine dans le gigantesque échange de parcmètres auquel les citadins propriétai-

1. Ceci si vous habitez en ville. A la différence des plantes comestibles, qui ne poussent bien qu'à la campagne, le parcmètre ne vient bien qu'en ville.

Votre capital stupidité à présent : [ ] points

res de voiture se livrent deux fois par jour. Cela seul suffit à montrer à quel point l'invention de l'automobile contribue à la stupidité ambiante.

Comment développer sa stupidité grâce à l'automobile ?

D'abord, acheter des automobiles. Nous disons bien **des**. C'est-à-dire beaucoup, et souvent. Une voiture ne suffit pas, il en faut environ une pour madame, une pour la campagne, une pour les enfants, suivies immédiatement d'une autre après les premières leçons d'inconduite accompagnée. Cela met le nombre minimum de voitures à quatre. De plus, leur durée de vie doit être la plus courte possible. Vous devez optimiser les résultats du constructeur, qui ont réglé le vieillissement d'une voiture à environ trois mois après le premier tour de roue, au moyen de mille recettes astucieuses (peinture spéciale corrosion accélérée, pièces détachées déjà détachées d'origine et immédiatement introuvables sauf derrière les débris du rideau de fer, entraînement ultra-moderne des réparateurs agréés à la stupidité désagréable [sur le modèle des commandos], etc.)

Mais ces services ne font pas tout. Vous devez, vous pouvez y mettre du vôtre. Le record est établi par celui qui plie immédiatement sa nouvelle voiture à la sortie du concessionnaire. C'est un idéal. Tout le monde ne peut pas l'atteindre. L'autre extrême – mettre immédiatement sa voiture sur cales, la recouvrir d'une housse pour ne pas l'abîmer, et en acheter une rouillée et agonisante pour rouler avec – est également une réussite, mais légèrement teintée d'incivisme.

Autre acte simple, il vous suffit d'utiliser votre ou vos voitures comme d'habitude (c'est-à-dire à chaque occasion), si possible avec une fréquence encore accrue. Ne cherchez pas à éviter les embouteillages :

Votre capital stupidité à présent : | | points

ce serait contraire à votre entraînement et de toute façon voué à l'échec. Mais **ne les recherchez pas** non plus. Faites confiance à votre instinct. D'instinct, vous adopterez la même conduite que tout le monde, ce qui est la façon la plus sûre de trouver un embouteillage.

Une fois dans le bouchon (on utilise aussi le mot « bouchon » pour désigner un embouteillage, ce qui constitue une métonymie, mais c'est sans importance), gardez le sourire. Observez autour de vous. Engagez le dialogue avec vos voisins les plus calmes (« C'est fou, hein ? » ou « Vous croyez que ça va durer encore longtemps ? »...). Vous pourrez admirer mille choses intéressantes et peut-être même, qui sait, faire des rencontres charmantes. A tout hasard, emportez vos mots fléchés. Ecoutez la radio : on y parlera sûrement de votre embouteillage. Si jamais vous aviez la chance d'être pris dans un vraiment très gros embouteillage, d'intensité 8 ou 9 sur l'échelle de Bison Futé (qui, rappelons-le, en comporte 10[1]), vous pourriez même être interviewé par la télévision. Si c'est le cas, pensez à sourire.

Voiture et sécurité publique

Bien entendu, tout ce qui précède ne doit pas faire oublier qu'il existe une autre raison d'être à l'automobile que la pollution ou l'embouteillage. Nous voulons parler de l'**accident**. Toute automobile qui ne crée pas des joies inépuisables par le parking ou l'agglomération créera des sources inépuisables d'aventures par le crash.

Reconnaissons que les autorités font preuve d'une

1. Vous les trouverez en hors-texte cadeau, sans supplément de prix, à la fin de ce volume.

Votre capital stupidité à présent : ☐ points

grande stupidité imaginative pour lutter contre la tendance naturelle des automobilistes stupides à s'écraser un peu partout et même les uns contre les autres. Le duel entre stupidité individuelle et stupidité d'Etat est un spectacle grandiose.

Au commencement, l'Etat fit des routes les plus belles, lisses et droites possibles pour que l'on puisse rouler dessus. Très vite (mais très très vite alors) de nombreuses personnes[1] les employèrent pour s'emplafonner avec entrain, au hasard du platane.

L'Etat décréta donc l'abattage des platanes. De nombreuses personnes[2] continuèrent à s'emplafonner avec entrain, au moyen du conducteur d'en face, de devant, de derrière, etc.

L'Etat résolut de limiter la vitesse (d'abord par décret, elle passa progressivement de 320 km à l'heure à 50 en agglomération), et de rendre les belles routes lisses et praticables inutilisables, par la construction à grands frais de bosses et de granulations artificielles[3].

Depuis, l'Etat s'est avisé que les routes présentaient un danger : celui de permettre aux automobilistes d'aller n'importe où. On a donc installé un appareillage compliqué de parapets, rambardes, rails et autres barrières de sécurité. Partout où il reste encore des routes à deux voies séparées par une ligne jaune, on bâtit de petits parapets, transformant ainsi cette ligne qui devait évoquer un mur en une ligne qui n'a plus besoin d'évoquer un mur puisque c'en est un.

Du coup, la route est à présent une sorte de glissière assez semblable au canon d'un fusil, qui rend impos-

1. Stupides standard, prix Nobel de littérature philosophant sur l'absurde, ou jeunes stars de cinéma saisies par la fureur de vivre.

2. Stupides standard ou stars de music-hall candidates à la présidence de la République.

3. Voir le livre de Hervé Bazin, *Mort du petit cheval et résurrection du dos-d'âne*.

Votre capital stupidité à présent : [ ] points

sible, ou en tout cas très difficile toute trajectoire librement choisie comme tout caprice de dernière minute. Le summum du progrès en matière de route touristique est alors la voie souterraine urbaine, boyau où il est pratiquement impossible d'aller autre part qu'à l'endroit désigné par les panneaux et les lumières, puisqu'il y a des murs partout, même dessus, et des voitures partout aussi, sauf dessus (quoique...).

En réaction à cette contrainte, le stupide a toujours le recours de se tromper de flèche, ou de s'encastrer dans la pointe formée par le tunnel de droite et celui de gauche, pour exprimer sa liberté de choix.

Autre source de danger : dans sa voiture, le stupide avait encore le loisir de s'asseoir n'importe comment. Et même, en cas de choc frontal, de traverser les glaces de sa voiture sans les ouvrir et par devant. Il a fallu l'attacher. Avec un système de harnais coupant pratiquement la respiration. Mais le stupide a trouvé la parade : il s'est arrangé pour s'étrangler avec la ceinture lors du choc, ou pour rester coincé dans sa voiture et se faire brûler avec elle, un peu comme les veuves du Bengale. L'Etat, piqué au vif, a alors imposé la ceinture à enroulement automatique, qui est une ceinture qui ne maintient que quand c'est vraiment nécessaire. Du coup, le stupide a trouvé le moyen de se défoncer la poitrine sur son volant, en un hara-kiri grandiose du plus bel effet médiatique.

D'où l'immense progrès des Air Bags, qui permettent d'étouffer le stupide par gonflement éclair d'un gros coussin sorti du volant, avant qu'il ne s'étrangle en s'aplatissant contre des murs de brique à des vitesses impressionnantes, quoique réduites par la loi. On peut prévoir que bientôt un serre-tête l'obligera à regarder devant lui (car il lui arrive de parler aux gens de der-

---

Votre capital stupidité à présent : [ ] points

rière puisqu'il peut encore bouger le cou, les pieds et les bras).

Le stupide avait aussi imaginé de boire plusieurs litres d'alcool avant de se mettre au volant, parce que cela donne à la voiture un surcroît de vitesse et d'imprévisibilité, et que ça met un peu de variété dans la contemplation du paysage. On a dû l'obliger à souffler dans les petits Air Bags des gendarmes avant de s'attacher devant le sien, plus grand. Si le petit Air Bag se colore, défense de se laisser étouffer par le grand. C'est très gai.

Actuellement, le stupide devant son volant a encore un peu trop de liberté de mouvement, que ce soit dans sa voiture ou dans le décor. Les études et les publicités les plus récentes montrent bien que tout cela doit être encore amélioré. Le summum de la sécurité publique sera atteint lorsque chacun sera contraint de ne pas utiliser sa voiture, sauf de temps en temps pour aller faire le plein ou se rendre au contrôle technique obligatoire.

Autre possibilité : remplacer tout ce qui est dangereux, fragile ou coupant dans l'habitacle et la carrosserie (plastique, verre, alu, acier, alliage magnésium-titane chauffé à 380°) par du bois et de la toile. Dans la foulée, on pourrait aussi substituer progressivement la traction animale aux moteurs à essence. Par exemple, des bœufs, dont la consommation en pétrole raffiné est négligeable et qui permettent en plus de limiter la vitesse à 3 ou 5 kilomètres par jour. Mais là, nous sommes en pleine science-fiction.

A part ça, rappelez-vous aussi que l'automobile est quelque chose de très précieux. Elle fait partie de vos bijoux de famille. Donnez-lui un surnom affectueux, faites-lui des petits cadeaux (couvre-volant, jantes en

---

Votre capital stupidité à présent : [ ] points

alliage, Saint Christophe en cuivre adhésif...), lavez-la tous les dimanches (en famille, justement, après le bain du petit dernier, et avant le classement des fiches, voir dans ce livre page 77).

Mieux : faites-la caresser par ces machines en forme d'immenses arcs de triomphe poilus équipés de jets d'eau qu'on trouve dans les grands garages. Elle ne ronronne que mieux une fois lustrée. « Né parltez pas sans zelle », et surtout, ne vous séparez jamais d'elle. Si vous devez faire une pause repas pendant un voyage, ou si vous partez en pique-nique, ne laissez jamais plus de trente mètres entre votre voiture et vous. A plus forte raison si vous faites du camping. Le mieux sera alors de la faire carrément dormir sous votre tente.

Sinon, traitez-la comme un appareil semblable aux autres. Répétons-le, changez-en le plus souvent possible (parfois, vous y êtes même aidé par le gouvernement qui vous rend à cette occasion une partie de l'argent qu'il vous prend sous forme de vignette ou de taxe sur le carburant), recherchez le maximum de nouveautés (climatisation, télécommande de lève-vitres, vidange centralisée des cendriers, lecteur de compact-disques quadriphonique avec mise en phase automatique sur le bruit du moteur, etc.) et lisez toute la presse spécialisée.

Si vous désirez pousser encore plus loin dans la stupidité, rendez-vous régulièrement au salon de l'Auto : vous pourrez passer quatre heures dans des embouteillages et autant à faire la queue, pour acheter des billets vous permettant d'aller, dans la foule et le bruit, contempler des voitures garées.

Votre capital stupidité à présent : [ ] points

L'hypermarché

L'hypermarché est un excellent lieu d'exercices. Il concentre au même endroit pratiquement tous les produits dont on peut avoir besoin quand on a déjà tout, mais qu'il faut se réapprovisionner, et ceux dont la télé vous apprend ou vous rappelle l'existence[1]. Malgré quelques oublis, l'hypermarché est là pour prouver que ce qu'on voit dans les télés existe en vrai, et qu'on peut se le procurer.

On colle de plus en plus souvent sur les produits d'hypermarché une étiquette disant « Vu à la télé ». Attention ! Ici, les deux auteurs ont des interprétations divergentes :

Auteur 1

L'étiquette veut dire « vu hier dans une **pub** télé », pour que vous ne le confondiez pas avec un objet que vous avez vu, la semaine dernière, sans qu'on insiste. Par exemple, vous ne trouverez pas de char d'assaut américain en vrai métal en vente régulière, même si vous l'avez vu dans un feuilleton sur le Golfe l'an dernier.

1. Attention, cette règle ne vaut pas pour les produits vus dans les feuilletons ou les grands films TV américains. Certains des objets les plus beaux (couples de E.T. vivants, chapeau de JR), ou les plus gros (bateau *de La croisière s'amuse*, Supercopter en taille réelle, Liz Taylor apprivoisée) ne sont pas disponibles. Inutile de nous écrire pour savoir où les trouver, nous avons promis le secret.

Votre capital stupidité à présent : [ ] points

Auteur 2

On colle de plus en plus souvent sur le produit une étiquette disant « Vu à la télé », pour que vous ne risquiez pas de confondre le bon produit avec un autre qui lui ressemblerait mais que vous n'auriez pas vu à la télé.

L'hypermarché est un immense progrès : il a permis de revenir à un système économique que la civilisation oubliait : la cueillette. La preuve, c'est que les produits les plus appétissants sont placés à portée de main alors que ceux placés tout près du sol sont moins beaux (ou en tout cas, moins chers).

Il vous suffit donc d'agir dans le magasin comme dans un champ de pommiers ou de cerisiers [1], attrapant de-ci de-là ce qui attire votre œil, pour en garnir votre panier. Ce retour à l'innocence originelle doit être accompli avec joie et bonne humeur, dans un état d'esprit quasi bucolique [2]. C'est pourquoi les hypermarchés sont tout imprégnés d'une musique allègre et entraînante, parfaite pour le bucolique.

1. Pour ceux qui n'ont jamais vu un champ de pommiers ou de cerisiers, l'hypermarché vous donne justement un modèle de ce que c'était : simplement, au lieu d'être en verre, plastique et acier, les champs de pommiers étaient en bois. Les fruits, eux, étaient en fruits (et encore, pas à toutes les saisons). Dans un hypermarché, les fruits sont en bois. Vous trouverez les fruits sous forme d'extraits concentrés, déshydratés, ou de pulpe, ou de purée, de nectar, etc., au rayon boissons, en bouteille de verre, ou dans un emballage qui les protège de la lumière, ce qui n'est ni sain ni naturel. Adressez-vous au chef de rayon.

2. L'état bucolique, comme son nom le suggère, est une sorte d'ivresse, obtenue sans avoir bu de boisson alcoolisée. C'est pourquoi on peut consommer le bucolique sans modération dans les supermarchés. En revanche, l'état d'ivresse en supermarché conduit souvent à une forme trop brutale de la cueillette, qui s'appelle le pillage, et qui n'est pas assez stupide pour être agréable.

Votre capital stupidité à présent : [ ] points

Pour faciliter encore la cueillette, entraînez vous à réciter les slogans publicitaires des produits que vous prenez sur les rayonnages. Avec la musique. Choisissez le moins possible ; tout cela doit se faire tout seul, automatiquement. L'automation, c'est le progrès. Le geste de prendre doit être automatique. Si possible, en même temps que vous prenez les produits et que vous chantonnez les slogans, pensez à autre chose. Débarrassez-vous des listes que vous avez faites : l'hypermarché doit vous parler (il est équipé pour cela), il doit parler à la fois à ceux qui ont oublié leur liste, et à ceux qui l'ont apportée, afin qu'ils la jettent, car la liste peut toujours comporter des marques que le magasin n'a pas.

Peu à peu, le magasin doit vous parler. C'est le sens de l'expression : « Ça, ça me dit [1]. » Les intellectuels disent : « Ça m'interpelle. » Ils ont quelquefois raison : les produits doivent littéralement vous interpeller.

S'ils ne le faisaient pas assez, la solution est simple. Il vous suffit de suivre la Voix. Tout hypermarché est équipé d'une Voix, puissante, et qui sort de nulle part en chuchotant partout. C'est la Voix des affaires exceptionnelles. Suivez-la aveuglément.

Le meilleur de l'hypermarché

Afin de simplifier la vie du consommateur, on lui a donné pour comprendre l'hypermarché une loi simple et facile à mémoriser : plus c'est grand, moins c'est cher. Moins c'est cher, plus on s'y retrouve.

Le meilleur de l'hypermarché étant donc sa taille, vous le choisirez gigantesque. Tâchez de repérer celui qui dépasse la taille d'une ville. Vous suivrez cette for-

1. Du reste, dans les hypermarchés, le samedi est le jour de plus grande affluence. (*Note de l'autre auteur.*)

Votre capital stupidité à présent : | | points

mule simple à retenir : plus on a de risques de s'y perdre, plus on a de chances de s'y retrouver.

Il est fréquent de voir s'y ajouter la loi : plus c'est loin, plus c'est bon marché. Cette loi joue fréquemment, mais n'est pas absolue. Elle risque de perturber ceux (il y en a) qui habitent plutôt très loin de tout, donc sans doute près de l'hypermarché le plus proche.

Ne vous embrouillez pas la tête. La distance entre l'hyper et chez vous ne doit rien faire à l'affaire. Au train où vont les choses, renseignez-vous sur les tarifs aériens. Si le plus grand hyper de votre pays est à moins de 900 km de chez vous, il se peut que vous puissiez faire une bonne affaire avec une compagnie d'avions-cargos. A ces distances, plus de risques de se faire rouler, puisque c'est du vol[1].

Plus enthousiasmant encore : dans certaines régions privilégiées des pays avancés, on a pensé à regrouper plusieurs hypers en une sorte de giga-zone de bonheur, grande comme un petit pays pour paradis fiscal, dite **centre commercial**. Il suffit alors d'aller d'un hyper à l'autre, et on pourrait y passer sa vie s'il était permis d'y habiter, ou même seulement y apporter son sac de couchage. Le projet n'est encore, hélas, qu'à l'étude.

Pour de tels endroits, il est des saisons et des régions privilégiées. Les plus belles réussites sont au sud de la France, et c'est ce qui a donné à la région sa réputation de paradis des vacanciers. Il n'est en effet rien de meilleur que d'oublier un moment les tracas de vos courses quotidiennes et de passer la canicule du 15 août dans une zone commerciale de Provence, sur des aires de bitume que leur température protège même des cigales. L'entrée dans le centre climatisé après plusieurs heures

1. Naturellement, cette phrase veut dire : plus besoin de voiture quand on peut prendre l'avion. (*Note de l'autre auteur.*) Autrement dit, puisque vous ne partez pas sans ailes, vous pouvez partir sans elle. (*Note du premier auteur.*)

Votre capital stupidité à présent : [ ] points

de traversée du parking à 45°, est un régal pour le corps agonisant, qui cherche à témoigner spontanément à ses bienfaiteurs des marques de reconnaissance et à faire une offrande à Saint-Distributeur-Automatique-de-Coca-Glacé. La musique céleste qui descend des voûtes apaise même les partisans les plus acharnés des bains de mer. Une immense fête saisonnière à ne pas rater[1].

Un bon séjour en hypermarché vous prendra environ trois à quatre heures en semaine, cinq le samedi après-midi. Vous devrez en effet :

- faire le tour des différents rayons à la recherche de l'éventuelle bonne affaire (confiture prunes-myrtilles avec 15 % de produit gratuit, papier-toilette en lot de 36 rouleaux « gagnant 20 F au grattage », etc.) ;
- vérifier que vous n'oubliez rien : avez-vous pensé au cache-pot de votre nouvelle plante verte ? Au dernier Goncourt ? A la glace praline-mangue, la seule que supporte votre petit neveu qui doit venir goûter la semaine prochaine ? Aux chaussettes de tennis pour aller avec votre dernier modèle de Stepper ? A une cuisine équipée (elles sont en promotion) ?
- participer à l'animation organisée par Patrick S. au rayon Fromagerie, en répondant aux questions pièges sur la fabrication de La vache qui rit ;
- sélectionner les produits nouveaux enrichis en fonctions intégrées et en agents suractifs que vous n'avez pas encore eu l'occasion d'essayer ;
- et enfin, cocher les cases des bulletins-réponse de toutes les loteries que vous pourrez rencontrer sur votre passage, afin de risquer de gagner par sim-

1. Voir le dépliant touristique édité par le conseil régional des Bouches-du-Rhône : « Un 15 août à Plan de Campagne. » Plusieurs formules : voyages accompagnés avec interprète marseillais, trekkings en petits groupes avec sherpa régional, opérations-survie en solitaire.

Votre capital stupidité à présent : [ ] points

ple tirage au sort et sans obligation d'achat une Clio, un séjour à Euro Disney, un splendide combiné sac à dos/ensemble de jogging, un mètre cube de beaujolais nouveau ou peut-être même, qui sait, un magnifique Stepper dernier modèle.

A part ça, l'hypermarché vous permet de faire des affaires, en général grâce aux **promotions** et aux **anniversaires**. Ce sont les périodes au cours desquelles vous pouvez dépenser encore plus d'argent afin de vraiment y gagner. Leur mécanisme est exposé dans le chapitre intitulé « La vie économique ».

Vaut le détour : un des plus beaux triomphes de l'hypermarché

C'est aujourd'hui sans conteste le Louvre, à Paris. Son réaménagement sur le principe des grands hypers a sauvé un immense musée du risque énorme qu'il courait. Celui, légitime, de la perplexité du grand public envers lui.

En effet, la règle du jeu dans un musée était jusque-là d'entrer voir des produits qui ne sont pas à vendre –, et en plus, de pouvoir y entrer gratuitement le dimanche. Leur existence devient alors inexplicable dans une civilisation à stupidité avancée, et incompatible avec ses aménagements les plus modernes.

Depuis que le Louvre est devenu le Grand Louvre, le public s'explique mieux la présence des Jocondes et autres Véronèses sur les murs. Ce sont évidemment les annonces publicitaires des exemplaires qu'on peut en acheter au sous-sol, sur des foulards, des boucles de ceinture, des verres, des assiettes, des images, etc.

Comme une affiche publicitaire se repère moins bien sans tapis roulants et couloirs de métro, on a rajouté ce qu'il fallait pour que personne ne s'y trompe. Y compris ouvrir le dimanche, comme tous les Mégasto-

---

Votre capital stupidité à présent : [ ] points

res, mais en faisant payer, ce qui est un très net progrès par rapport à Virgin, encore tout empêtré de questions juridiques sur le droit de simplement vendre pendant les jours fériés.

Il n'y a que la pyramide en verre qui déconcerte encore : tout s'arrangera quand on y aura posé la dernière touche, les banderoles qui annoncent des promotions :

« Moins 10 % sur les services à fondue Rembrandt », « Cinq jours en or du sarcophage en plastique moulé », etc.

Un peu de patience, Auchan ne s'est pas fait en un jour.

Votre capital stupidité à présent : [   ] points

JEU-TEST GRATUIT

Classez par ordre de préférence les animations et promotions que vous aimeriez voir proposées par le Grand Louvre :

A	Accueil à l'entrée par des marionnettes taille humaine du Grand Méchant Louvre et des Trois Petits Fauchons	☐
B	Les Cinq Jours Joconde (toutes les Jocondes doivent disparaître à prix cassés)	☐
C	Pour tout enfant achetant plus de 500 F de cartes postales, une trompette de Géricault gratuite	☐
D	Vente de pin's à l'effigie des primitifs flamands	☐
E	Ouverture d'un rayon tortues au pavillon peinture italienne (Donatello, Michelangelo, Raffaello, Leonardo, Uccello, Filippo Lippi, Antonello da Messina, Giorgione, Sandro Botticelli, Fra Angelico, Fra Luca Paciolo, Pisanello, Pirelli, etc.)	☐
F	Jeu-rallye-concours du chef-d'œuvre volé (à retrouver par la police avant sa sortie du musée, du pays, d'Europe, etc., présenté sur la 2 à l'heure de « Fort Boyard »	☐
G	Présentation-promotion dans la Grande Galerie des dinosaures-événements du film-événement d'un créateur américain cinématographique contemporain	☐

Votre capital stupidité à présent : ☐ points

Corrigé

Classez les propositions dans l'ordre de vos préférences (en découpant la page en lanières ou en recopiant sur papier libre), et adressez-les-nous en les envoyant à notre nom chez l'éditeur. Les dix premiers gagnent 2 points. Ceux qui ne savent pas où trouver le nom de notre éditeur gagnent 3 points ; ceux qui se sont dit : « Dès que j'ai cinq minutes, je le fais » gagnent 4 points. Merci de votre incompréhension, merci de nous être fidèles.

Votre capital stupidité à présent : | | **points**

TROISIÈME PARTIE

Le monde merveilleux de la télévision

Généralités sur la télévision

« B.B. is watching you ! »
Et Dieu créa la femme, G. ORWELL

Quelques rappels

Fonctionnement du téléviseur

Rappelons les bases rapidement et en gros. Il faut appuyer sur les boutons.

On ne vous prend pas ici pour plus stupides que vous ne l'êtes : on rappelle la chose parce que le problème se repose régulièrement, quand vous changez de téléviseur. Avouez que c'est vrai : une étude récente l'a montré. Vous savez comment faire pour votre vieux récepteur mais vous angoissez pour celui que vous voulez acheter. A cause de toutes ces Nouvelles Fonctions Intégrées qui vous ont convaincu de jeter l'ancien, mais dont le maniement risque de vous échapper.

En effet, il y a une heure pénible, celle où l'on peut craindre de devoir lire le mode d'emploi. Non seulement il est en néerlandais traduit du japonais, mais en plus il est plein de mots, ce qui le fait confondre avec la garantie. D'ailleurs, c'est quelquefois le même papier. Tout cela est un frein important pour le renou-

---

Votre capital stupidité à présent : [ ] points

vellement de son matériel. Mais, rassurez-vous, de plus en plus, on pense à pallier cet inconvénient. Désormais, votre installateur vous prépare tout.

Retenez ce principe : « Aime ton prochain téléviseur comme toi-même. L'installateur est son prophète. »

Mais ce n'est pas ce qu'il y a de plus important à dire sur les rapports de la télévision et de la stupidité. L'important, c'est que votre téléviseur lui-même fait tout pour votre stupidité, encore mieux que votre installateur. Simplement en étant là. Pourquoi ? C'est très simple. Le paragraphe suivant vous l'explique.

N. B. : Le paragraphe suivant est écrit pour ceux qui ne peuvent pas encore s'empêcher de vouloir tout savoir (et ceux qui en veulent pour leur argent puisqu'ils ont acheté ce livre). Les autres peuvent zapper et s'ajoutent 2 points.

N. N. B. : Ceux qui le lisent malgré ce N. B. s'ajoutent 3 points d'opiniâtreté, en hommage à la règle : « Je suis pas plus con qu'un autre, mais j'aime bien comprendre. »

Avantage technique de la télévision sur l'œil en matière de stupidité

Une image télé est faite de lignes (croyez-nous, c'est vrai). Tout premier progrès : votre téléviseur, quelle que soit sa marque, fournit automatiquement à votre œil une image faite de 625 lignes de points (c'est un peu comme un mur de briques, mais tellement petit que vous ne vous en rendez pas compte). Et cela, 24 fois **par seconde**. (Sans blague, faut nous croire.) Autrement dit, il envoie à l'œil :

625 x 24 = 15 000 lignes à chaque seconde.

Aucun lecteur humain ne va si vite. Parce qu'un lecteur doit déplacer son œil le long de la page, pour

---

Votre capital stupidité à présent : [ ] points

suivre les lignes. Le téléspectateur pas, parce que la télévision le fait à sa place.

C'est là le grand progrès du téléviseur : il fournit des lignes **mobiles**. C'est le contraire des lignes des livres. Dans un livre, les lignes sont fixes et c'est l'œil du lecteur qui bouge (sauf en état d'ivresse, où elles bougent, parce que l'œil louche). Il en résulte une fatigue musculaire et nerveuse, qui peut à la longue transformer quelqu'un en intellectuel. Avec la télé, tout change, c'est le dispositif dans l'écran qui bouge, les muscles à l'intérieur de votre œil peuvent donc se reposer.

C'est pourquoi la télévision donne assez vite le regard fixe. L'œil devient comme l'écran qu'il voit, vitreux. C'est l'avantage **fondamenthall** de la télévision en matière de stupidité.

Quoi qu'il en soit, la télévision entraîne naturellement à la stupidité. Mais elle le fait par paliers. Au début, l'œil s'efforce encore, par une série de vieux réflexes de regarder **à travers la vitre** pour voir les images. Après quelques milliers d'heures, l'œil peut arriver à regarder la vitre. La preuve, c'est qu'il reste ouvert devant, quoi qu'il se passe derrière, c'est-à-dire même après la fin des programmes, quand il n'y a plus que de la neige multicolore qui fait « shhhhh ».

Autre avantage : l'œil reste ouvert même quand le téléspectateur dort. Si on s'endort en lisant un livre, celui-ci vous tombe des mains et ça réveille. Tandis que (le saviez-vous ?) on n'est pas obligé de tenir son téléviseur à bout de bras pour le regarder. Si vous ne le saviez pas, dépêchez-vous d'aller acheter une de ces petites tables où l'on pose les téléviseurs.

Votre capital stupidité à présent : [ ] points

Vous et la télévision

Avantage décisif de la télévision sur celui qui la regarde

La télévision possède sur l'être humain banal un avantage tout simple, mais écrasant : elle fonctionne à l'électricité. Vous et nous, non. Grâce à cela, elle est infatigable. Vous et nous, non.

Retenez cette règle : vous n'aurez pas le dessus.

Claire Chazal est comme vous et nous (enfin, d'un certain point de vue), mais la télévision *lui rajoute l'électricité.* Cela lui permet d'être infatigable [1]. Quoi que vous fassiez, et tant que vous aurez l'électricité, elle la retournera contre vous. Elle parlera pendant tout le temps qui lui sera imparti. Et même quelquefois plus longtemps, en cas d'événement réellement historique. Au besoin, elle parlera plus fort que vos enfants (voir le paragraphe intitulé Télévision et éducation), plus fort que vous ne pouvez leur parler vous-même. Tout ça simplement parce que vous n'êtes pas branché sur 220 volts.

Augmenter sa stupidité par la télévision

L'avantage-stupidité que vous donne la télévision est automatique. Vos chances de stupidité augmentent simplement avec la taille de votre écran télé, et selon la durée de votre présence distraite devant lui. Vous voyez que la méthode ne demande pas de gros efforts.

Si votre télé mesure moins de 58 cm, changez-la

1. Que les mauvais esprits qui demandent en souriant grassement où est la prise de Claire Chazal arrêtent de glousser comme des imbéciles. On ne leur enlève pas de points de mauvais esprit parce qu'il y a un doute – ils ont très bien pu dire ça par stupidité – mais faut pas pousser. On les a à l'œil.

Votre capital stupidité à présent : [ ] points

pour une plus grande (la taille croissante de l'écran est d'ailleurs une Nouvelle Fonction Intégrée de base. Le nouvel appareil que vous achetez régulièrement doit donc être chaque fois plus grand que l'ancien). Le mieux est de se débrouiller pour que le présentateur du J.T. de 20 heures ait environ une tête deux fois plus grosse que la vôtre (à l'image, au moins)[1].

L'idéal – mais on ne peut pas tout avoir – est de prendre aussi la télé la plus large possible, le but étant d'être dépassé de tous les côtés par le son et l'image, d'être dedans. Les derniers modèles obligent à un strabisme divergent très efficace, ou à défaut, vu le temps nécessaire pour regarder deux personnages dialoguant de gauche à droite de l'écran, infligent un torticolis de classe Roland-Garros.

Le nec plus ultra est l'un de ces modèles plus grands qu'un réfrigérateur, en forme de totem aztèque[2] et équipés d'un ampli de salle de spectacle. Certains modèles expérimentaux, japonais ou américains, font encore mieux, puisque l'écran et le siège font un seul bloc, comme les fauteuils de dentiste ou les jeux de foire où on fait comme si on était dans une voiture de course. Dans ces modèles, le son de l'appareil vous parvient par conduction osseuse, c'est-à-dire à travers la carcasse, les boyaux, les nerfs, la boîte crânienne, les rétines, les dents, etc.

Quel que soit votre modèle, entraînez-vous progressivement à le laisser allumé de plus en plus longtemps.

1. C'est l'origine de l'expression « avoir la grosse tête ».
On a la grosse tête automatiquement en passant à la télé. L'émission radio célèbre s'est appelée « Les Grosses Têtes » pour rappeler que ceux qui y parlent et qu'on ne voit pas passent souvent à la télé.

2. Aztèques : peuple d'Amérique du Sud très mystérieusement en avance sur nos civilisations, puisque pratiquant les sacrifices humains, sans avoir inventé ni la télé, ni la F1.

Votre capital stupidité à présent : [ ] points

L'idéal est que la télé marche en permanence, même s'il n'y a personne devant. Dans la limite des contraintes de votre emploi du temps, astreignez-vous à suivre le plus grand nombre possible des émissions de conversation de l'après-midi. Faites chaque jour quelques séances de zapping.

Pour la mémoire, les seuls exercices concernent les pubs télévisées. Amusez-vous à les reconnaître dès les premières images. Essayez de chantonner les slogans. Tentez de vous rappeler de plus en plus fréquemment les paroles des chansons de lessive. Cela aussi doit venir automatiquement. Peu importe si vous les mélangez, au contraire. C'est une source de jeux de société inépuisable : vous vous ferez pleins d'amis tout en truffant votre conversation de références culturelles (« Touti rikiki, maousse kosto », « J'ai les mêmes à la maison », « Tout à fait, Thierry »...). La stupidité se développe en s'amusant.

N. B. : Ceux qui ne voient pas à quoi ces exemples font référence se retirent 5 points.

N. N. B. : Il y avait une petite tricherie dans nos exemples. Le dernier n'est pas extrait d'une pub mais des œuvres complètes d'un auteur contemporain. Ceux qui l'avaient vu se rajoutent 5 points.

Notre conseil

De temps en temps, dans les débuts, pensez à cligner des paupières, si vous pouvez. Cela améliore la qualité de l'image.

Retenez le principe de l'image télé : activer un œil inerte par une image qui bouge. Plus l'image bouge, moins l'œil en fait, et plus l'image doit bouger. Vous voyez comme tout ça est bien pensé ?

Votre capital stupidité à présent : [ ] points

Magazines, programmes et infos

Les magazines de télévision

Les magazines de télévision, ou « magazines télé », apportent une aide précieuse à la stupidité de base de la télévision. Dès le matin, grâce à eux, vous savez l'avenir : en plus de l'horoscope, ils vous prédisent votre soirée.

Mais ce n'est pas tout : beaucoup de magazines télé sont, en plus, bourrés de fiches à découper et de conseils utiles sur tout. On y trouve le moyen de dégraisser les plats à lasagnes, de réhabiliter un vieux poêle en fonte ou de vitrifier soi-même son parquet Henri II. On peut même y effectuer, par correspondance, l'achat d'un splendide Stepper. Ils regorgent d'offres exceptionnelles, de réponses à toutes les rumeurs, d'informations sur la vie des séries et de mots fléchés. Ils sont donc utilisables à peu près tout le temps et partout, même dans les cas où vous n'avez pas de télé (dans le métro ou l'autobus, dans les toilettes ou à Vaison-la-Romaine après l'inondation [1]).

Certains même, destinés à ceux qui ne peuvent pas

1. L'exemple n'est pas très bon, car, dans ce cas, pour vous dis-

---

Votre capital stupidité à présent : [   ] points

s'empêcher de penser, proposent des thèmes de réflexion. Heureusement, ces thèmes tournent presque toujours autour de la télé. En fait, il y a des magazines télé pour toutes les catégories de populations stupides, le contenu variant suivant le public concerné.

Ne vous séparez donc pas de votre magazine télé. Grâce à lui, ce livre pourrait presque ne pas exister. Enfin, seulement presque.

Comment choisir dans les programmes

On l'a vu, le choix du programme n'a pas vraiment d'importance. D'abord, ce qui compte, c'est de regarder fixement les images. Et puis, de toute façon, les programmes travaillent **à peu près tous** très efficacement au développement de la stupidité. C'est pourquoi vouloir choisir son programme est un acte stupide, et à ce titre nous ne saurions trop vous le recommander.

La télé elle-même vous aide. Chaque dimanche, avec une voix gourmande, sur toutes les chaînes, elle vous détaille ce qui vous attend. Ne manquez pas ce moment, il donne le ton de votre semaine, « une semaine à ne pas manquer » :

Lundi, *Charles Bronson se fâche ! Plusieurs mégatonnes de dynamite pour un film où les éventrations se succèdent à une cadence infernale.* ***Mardi,*** *votre grand film d'auteur français :* Les Bidasses au Cinq à Sec. *Quand Jean-Pierre Marielle se retrouve dans le caleçon*

traire, c'est la télé qui vient vous interviewer, et c'est vous qui pouvez passer à la télé. Ce qui est agaçant, parce que alors, non seulement vous n'avez pas de télé pour vous voir et vos voisins non plus, (ce qui fait que seuls vous verront des gens que vous ne connaissez pas, ce qui enlève tout le sel) mais encore vous n'êtes pas annoncé dans le magazine. Le monde est mal fait.

Votre capital stupidité à présent : [   ] points

de Galabru, c'est un hennissement de rire ininterrompu. **Mercredi,** *une soirée digne du Grand Siècle : Jean-Pierre Foucault et Patrick Sébastien se costument en nonnes pour offrir au pape la surprise de sa vie : un saucisson Justin Bridou. Quand* Sacrée Soirée *devient une soirée sacrée. Avec nos invités-surprises : Michel Leeb et le prix Nobel de littérature.* **Jeudi,** *Alain Delon et Clint Eastwood réunis pour un dialogue au sommet dans* Les Noces de plomb *; dialogues à la mitrailleuse et répliques à la grenade antichar sur fond de territoires occupés. Le film culte de toute une génération où Marilyn a failli jouer.* **Vendredi,** *un document choc : les usines clandestines de Coca-Cola à Moscou, un dossier brûlant de la rédaction, en multiplex avec Washington.* **Samedi,** *le bêtisier de l'Histoire. Grandes bourdes des chefs d'Etat et petits lapsus des grands de ce monde. Un document d'archives exceptionnel commenté par Philippe de Gaulle.* **Dimanche,** *violence, horreur, émotion et souvenir avec le film-anniversaire du 28e mois après le débarquement allié à l'île de Pâques.*

Nos conseils dans le choix des programmes

Préférez les émissions où tout se mélange

Plus un programme touille les choses et les gens qui n'ont rien à voir ensemble, plus il est proche du principe de base de la bonne télé. Nous avons déjà expliqué ça plus haut (tous ceux qui ne se rappellent plus se rajoutent 3 points. Ceux qui ne se rappellent plus parce qu'ils ont sauté les huit pages précédentes se rajoutent 15 points)[1].

1. A y repenser, cette phrase fait référence à un passage qui était situé aux alentours de la page 120 ou 130, qui a été coupé au montage. Nous vous prions de bien vouloir nos excuses pour cet incident technique indépendant de notre volonté. Gardez quand même vos points, pour la peine. Merci de votre compréhension.

Votre capital stupidité à présent : [ ] points

Donc vous préférerez : les émissions où un spécialiste du saucisson en gros vient discuter de ce qu'il ne connaît pas et vous non plus, par exemple la peinture abstraite des débuts du suprématisme, avec un physicien nucléaire chargé, lui, de donner les recettes de cuisine des Indiens de l'Antarctique Nord. Ce sera mieux.

N'oubliez pas les émissions qui font pleurer

De temps en temps, astreignez-vous à écouter une grande soirée d'émotion à thème, comme par exemple une collecte multichaînes d'argent pour les agriculteurs serbes sourds-muets atteints de la mucoviscidose. Line Renaud va venir chanter ; l'émotion, le rire et les larmes seront au rendez-vous : c'est important pour lubrifier votre œil et pour les discussions du lendemain avec vos collègues de bureau.

N'oubliez pas les séries

Là, vraiment inutile de choisir. Les séries sont toutes très bien faites. La série télévisée (feuilleton) obéit au même principe de mouvement continuellement changeant que les autres programmes, mais de façon un peu différente. Il s'agit, épisode après épisode, de raconter toujours strictement la même chose, sans changer de routine, mais en changeant de décors et de musique. Afin qu'on s'y retrouve quelque part. Même quand on a raté le début, c'est-à-dire le premier numéro (qui s'appelle le **pilote**). La série repose de l'effort vigoureux demandé par les débats et les émissions de variétés pour changer sans arrêt de sujet.

Le **sitcom**, cependant, pousse le principe de répétition jusqu'au bout : c'est celui qui ressemble le plus à ce qui vous arrive chaque jour dans votre salon, c'est-à-dire des bavardages sur rien, de façon toujours un peu nuancée. Le sitcom présente tous les avantages de votre voisine bavarde, de votre cousine, de votre meil-

---

Votre capital stupidité à présent : [   ] points

leure amie, de votre vieille grand-mère curieuse qui est mercière à Panazol : il vous livre toutes les indiscrétions d'une famille, inlassablement, infatigablement, éternellement. Et aucun des inconvénients :

• vous n'avez pas à lui offrir des petits gâteaux et un petit verre de porto. Vous n'avez pas à vous habiller ni à vous coiffer pour l'écouter ;

• vous n'avez aucun prétexte à lui donner pour écouter sans fin des potins ;

• vous n'avez pas de commentaires à faire ;

• vous ne lui racontez rien qui vous compromettrait vous-même ;

• vous pouvez même dire : « Mon Dieu, que c'est bête », alors que la mercière le prendrait pour un affront.

C'est pourquoi vous aurez toujours un petit faible pour lui.

Une exclusivité de ce livre : vos infos télé précuites

Une grande nouveauté

En attendant que vous soyez assez stupides pour regarder l'écran en bavant niaisement devant, sans plus vous préoccuper de ce qui défile, vous avez des progrès à faire. Pour l'instant, il vous arrive encore de vouloir comprendre le contenu des nouvelles et des informations des journaux télévisés.

C'est une bonne façon de devenir stupide ; mais elle est lente. On peut l'accélérer. Ce que nous vous proposons ici est un équivalent de la méthode de la lecture rapide. C'est une manière révolutionnaire de mieux assimiler les infos des différents journaux télévisés, rapidement et sans effort particulier.

Votre capital stupidité à présent : ☐ points

Les modules multi-usages

Le secret des nouvelles faciles à digérer, ce sont les nouvelles pré-cuites. C'est d'ailleurs ce qu'elles sont déjà. Les informations fraîches sont préparées à la machine. Un peu, si vous voulez, comme pour les **pâtes** fraîches : les pâtes sont molles, elles peuvent prendre des formes diverses, mais c'est simplement une question de grille de la machine qui les moule et qui, elle, ne change jamais de forme. Bon. C'est compliqué. Laissez tomber. Disons seulement que les modules à informations ne sont remplacés, comme les grilles à pâtes, que très rarement.

Nous vous proposons ci-dessous cinq ou six modèles de modules (vous suivez bien, là ?) ; des squelettes de nouvelles que vous entendez tous les jours. Chaque jour, leur contenu peut varier (encore que ce n'est pas le cas constamment). Mais l'architecture, elle, est la même. Et la connaître, au besoin l'apprendre par cœur, vous dispense facilement de 80 % d'attention aux nouvelles.

• **Module « International »**

« Les bombardements ont repris sur la ville à peu près privée de tout. Les médecins et les infirmiers bénévoles sont débordés d'enfants agonisants, tandis que les forces internationales d'intervention pacifique piétinent. Pendant que les affrontements se multiplient sur tout le territoire, les pourparlers entre les belligérants, une fois de plus ajournés, stagnent. Le secrétaire général de l'O.N.U. a cependant réaffirmé qu'il avait bon espoir de progresser sur le chemin d'une solution négociée. Il est question de voter une résolution au Conseil de sécurité. »

Normalement, cet exemple doit vous aider à comprendre. On voit bien ici que le module peut servir au moins à trois ou quatre pays ou de régions du monde d'un seul coup (et ce, à n'importe quel moment de l'année). Si vous fréquentez régulièrement votre télé,

---

Votre capital stupidité à présent : [   ] points

vous devez, même à une lecture distraite, avoir reconnu la musique. Les autres modules fonctionnent de la même manière.

• **Module « National »**

« *La demande de mise en examen a été maintenue par le petit juge, qui s'obstine à garder le silence. La COB également saisie, se refuse elle aussi à toute déclaration. On parle d'un trou de plusieurs milliards et, dans ce qu'on commence à appeler "la magouille du siècle", il est question de demander la levée de l'immunité parlementaire de plusieurs personnalités politiques en vue.* »

• **Module « Grands accidents »**

« *Comment cela a-t-il pu se produire ? Qui est le responsable ? Tandis qu'une chapelle ardente a été dressée pour recueillir les corps, une commission d'enquête a été nommée pour déterminer où exactement est intervenue la négligence. On estime à 160 jours le retard pris sur le programme. Ce sont près de 300 000 heures de travail perdues, au moment où, dans la ville en état de choc, de nouveaux plans sociaux sont annoncés en rafale.* »

• **Module « Grandes catastrophes naturelles »**

« *Comment cela a-t-il pu se produire ? Tandis qu'une chapelle ardente a été dressée pour recueillir les corps, une commission d'enquête a été nommée pour déterminer où exactement est intervenue la négligence humaine. On estime à 160 jours l'avance prise par le phénomène sur les normales saisonnières. Les maires des villes et des villages touchés, dont les populations sont dans un véritable état de choc, demandent au gouvernement de classer leur région zone sinistrée, au moment où les experts restent très pessimistes.* »

• **Module « Politique »**

« *Aux états généraux du Parti, les petites phrases d'hier*

Votre capital stupidité à présent : [   ] points

ont fait leur effet. La classe politique tout entière est à présent en effervescence[1]. *Tandis que les rencontres se multiplient, chacun surveille les sondages, surtout à la veille de l'échéance prochaine, à laquelle chacun pense sans le dire.* »

• **Module « Economie »**

« *Le nom du repreneur éventuel est encore inconnu. Il faut d'abord examiner la situation financière, fort complexe, de cette entreprise pas comme les autres. Ce qui est sûr, c'est que l'arbitre de la prochaine rencontre sera Français.* »

• **Module « Cérémonies »**

« *Une cérémonie émouvante a eu lieu hier sur les lieux mêmes du massacre, en présence des survivants de ces heures noires pour l'Humanité. Plusieurs personnalités y assistaient, toutes tendances politiques confondues. Les enfants de l'école du village étaient présents et ont dialogué avec leurs aînés. Afin que l'on n'oublie jamais.* »

• **Module « Technologique »**

« *Avant, on faisait : ça. Ça, on sait faire depuis cinquante ans. Mais désormais, aujourd'hui, avec la simple puce qui est là (vous ne la voyez pas bien sous la loupe), ce qu'on faisait comme ça, qui prenait des mois et occupait deux hectares, on va le faire, tenez-vous bien, en quelques secondes, et sur trois millimètres. Ce sera si petit que l'œil humain ne se doutera pas de sa présence, et que les robots nécessaires à le manipuler ne sont pas encore inventés. Un cerveau normal pourrait en contenir*

1. Variante : « ... *en état de choc.* » Notez que si à ce moment vous zappez sur la chaîne voisine, vous pouvez très bien voir l'effervescence en direct, parce qu'on y montre peut-être un comprimé contre la migraine en train de se dissoudre dans un verre. Mais ce n'est pas vrai à tous les coups. Question de chance.

Votre capital stupidité à présent : [ ] points

entre deux et trois milliards. Pour l'instant, nul ne sait encore le pas de géant que peut nous faire faire ce saut technologique prodigieux. Mais d'ores et déjà, des perspectives immenses s'ouvrent à l'homme. Lesquelles ? L'avenir nous le dira. Il nous faudra du temps pour les voir apparaître. »

• **Module « Prouesse technologique médiatique »**

« Ce soir, en direct, une grande retransmission historique. A vous les antipodes. Quand vous voulez. Quand nous aurons le son. On me fait signe en régie que ... oui. Non... La liaison satellite multicapitales est une technique extrêmement complexe, qui n'est pas à l'abri d'une défaillance. Excusez la qualité des images : c'est un document exceptionnel pris par un amateur. »

• **Module « Mort célèbre »**

« Cet homme hors du commun, dont les talents innombrables n'avaient d'égale que sa grande simplicité, qui nous a quitté pour toujours, appartient désormais au patrimoine universel. Une foule immense a assisté hier à la levée du corps en retransmission mondiale depuis le petit village où il n'était entouré que de ses proches et de quelques dizaines de chefs d'Etat ou de représentants de gouvernements de tous les pays. Ce soir, en hommage particulier à cette grande figure de notre époque, notre chaîne, et c'est normal, bouleversera ses programmes, pour vous proposer une évocation exceptionnelle de son œuvre. En version colorisée. Afin qu'on ne l'oublie jamais. »

Au train-train où vont les choses, les modules ci-dessus peuvent vous faire de l'usage pendant au moins trois ans (largement le temps pour ce livre d'être dépassé par les événements). Au début, si vous le souhaitez et si vous avez encore le goût des précisions, vous pourrez rattacher des noms propres aux textes-

---

Votre capital stupidité à présent : [   ] points

modules. Par la suite, ce ne sera même plus la peine. Le squelette suffira : vous le reconnaîtrez sans peine, ou plutôt, vous pourrez passer à autre chose. Il ne se passera plus rien de neuf. Sauf dans *Sacrée Soirée*.

N. B. : Pour les plus avancés de nos lecteurs, il est également possible de découper ces modules et de les ranger dans le superbe fichier « Modulor 2000 » en carton et skivertex imitation cuir, avec 12 intercalaires et une fiche-sommaire en cadeau. Disponible chez les auteurs contre envoi d'un chèque de 655 FF + 30 FF de frais de port. Réception sous six semaines. Offre valable dans la limite des stocks disponibles.

N. N. B. : L'idéal est d'arriver un jour à un multimodule qui se compose de tous les autres. Ce sera le signe que votre esprit zappe tout seul, quelque chose comme le zen de la télé – quelque chose comme ça :

La COB a été immédiatement saisie d'un trou de plusieurs milliards après cet accident tragique du circuit d'Imola, qui a immédiatement déclenché une série de chapelles ardentes après l'inondation qui a fait suite à l'effondrement de La Tribune de Genève, *de sources généralement bien informées, exceptionnellement prises par un amateur. De son côté, le petit juge est une innovation sans précédent dans la lutte contre l'immunité parlementaire, ce qui met la ville en état de choc. On ne trouve pas de repreneur pour l'instant, ce qui a coûté déjà à notre économie plusieurs centaines d'heures de travail pour les gouvernements de tous les pays en version colorisée, afin que l'on n'oublie jamais.*

Votre capital stupidité à présent : [   ] points

La télévision en famille

Télévision et vie de famille

On se plaint quelquefois de ce que la télévision a pris une trop grande place dans la vie de famille. C'est très sommaire, méchant (comme tout ce qui essaie d'avoir l'air malin) et injuste. C'est voir à l'envers tous les progrès accomplis par cet appareil unique. En effet, il est plus pertinent de dire que c'est la famille qui a pris sa juste place devant la télévision, place qui la renseigne sur le juste prix et l'assure que le meilleur gagne plus.

Progrès de la télévision sur la famille

La famille est fatigante parce que, comme l'erreur, elle est humaine. Elle doit manger, boire, dormir, aller aux toilettes... A l'inverse, qui a jamais vu Claire Chazal aller au cabinet, sauf celui du Premier ministre ? La famille humaine est imparfaite, la télé-famille la surpasse de loin dans tous les domaines. Par exemple, la télévision a des horaires et des programmes fixes, tandis que la famille n'en fait qu'à sa tête.

La télévision a donc relayé votre famille.

La télévision fait ce que votre famille devrait faire, mais mieux. Elle donne des nouvelles des proches, comme le pape, ou vous avertit des aventures des cousins éloignés que vous trouvez mignons quand ils se marient, comme ceux de Monte-Carlo.

Votre capital stupidité à présent : [   ] points

La télévision agrandit votre famille : le monde est plus grand. Mais elle fait plus qu'agrandir la famille, elle resserre les liens de la famille, réduit le cercle de famille : le monde est petit.

La télévision donne des nouvelles des gens que vous ne pouvez plus sentir, que vous avez essayé d'égarer, d'étouffer, ou d'oublier, comme Hitler, Staline, Picasso, ou votre cousin Eugène avec qui vous êtes brouillé à mort (mais si, vous savez bien, le frère de votre tonton de Panazol). Vous le retrouvez un soir vedette chez Jacques Pradel, alors que vous aviez tout fait pour le perdre de vue. Comme il vous propose de téléphoner ou de donner de vos nouvelles et qu'ainsi il fait de vous une vedette (c'est peut-être votre seule chance de passer à la télé devant tout le monde), il vous tient.

Enfin, la télévision augmente le nombre des membres de votre famille.

Des études récentes ont montré que, au cours de votre vie, vous voyez plus souvent et plus longuement Claire Chazal que votre tonton de Panazol[1], et que d'ailleurs vous vous en trouvez bien, car votre tonton de Panazol :

- n'a jamais rencontré Balladur ;
- ne parle pas avec Christophe Lambert ;
- n'est pas une vraie blonde.

Il est donc normal que vous considériez Claire Chazal comme une grande sœur qui a réussi. Elle appartient à votre famille. Alors, souvenez-vous qu'une lettre

1. Panazol, village de la Haute-Vienne, nominé au Festival international de Saint-Hilaire-Cusson-la-Valmitte des Plus Beaux Noms de Village 1994, finaliste avec Bondoufle et Nontron devant la Roche-de-Glun, Nœud-les-Plastiques et Xonrupt. 1 720 habitants recensés en 1906, d'après le *Larousse pour tous* (page 360 du tome 2 de l'édition de 1907).

Votre capital stupidité à présent : [ ] points

à la famille fait toujours plaisir : écrivez-lui. Demandez son adresse aux magazines de télé, ils vous la donneront. Envoyez-lui vos vœux, le foie gras que vous envoie votre tonton de Panazol, ou même le beau dessin que vos enfants ont fait pour sa fête. Proposez-lui de venir prendre le café, de devenir marraine de la fille de la femme de ménage. Elle répondra sans doute aimablement. Bref, faites, vous aussi, ce que fait votre petit dernier avec Chantal Goya et votre fille aînée avec le club Barbie.

Des petites attentions de ce genre font toujours plaisir aux stars de la télé, et de plus **cela les aide.** C'est un geste caritatif. Avec un sac plein de lettres comme les vôtres, elles peuvent convaincre leur patron de ne pas les jeter tout de suite à la poubelle. Avec deux sacs, elles peuvent parler d'un peu plus haut à leur directeur de chaîne. Avec trois sacs et plus, elles peuvent doubler leur mois (qui s'appelle un cachet) et être sûres de ne pas manquer de travail. Bref, un petit mot fait toujours plaisir et en plus vous les protégez du chômage. Sauvez l'emploi à la télévision : écrivez à tous les membres de votre télé-famille (vous lutterez ainsi contre le « drame des présentateurs télé abandonnés au début de l'été »).

Vous n'avez pas dû le faire assez avec Patrick S. Souvenez-vous, c'était horrible : il n'avait plus d'emploi nulle part, et en plus il était poursuivi par la justice, pour avoir voulu porter bonheur à des gens comme vous et moi, alors que tant de gens qui n'ont pas son talent sont en liberté.

Constituez vous-même votre télé-famille

Pour vous y retrouver dans votre nouvelle famille télévisuelle, vous pouvez faire l'exercice très simple ci-dessous. Il consiste à déterminer votre degré de

---

Votre capital stupidité à présent : [   ] points

parenté avec chacune des stars[1] du petit écran (attention : « petit », mais pas moins de 58 cm !). A titre d'exemple, prenons le sympathique Bruno Masure :

Bruno Masure est quelqu'un que vous auriez aimé avoir pour...

Frère	☐
Beau-frère	☐
Père	☐
Gendre	☐
Mari	☐
Prof de gym	☐
Voisin de palier	☐
Compagnon de bar	☐
Partenaire à la belote	☐
Amant	☐
Autre (à préciser)	☐

1. Rappelons que si une *star* était autrefois une personnalité du cinéma internationalement reconnue et admirée (Rita Hayworth, James Dean, Marilyn Monroe), ce mot désigne aujourd'hui toute personne, de Florent Pagny à Sim en passant par Bigeard et Muriel Robin, dont le nom est susceptible d'apparaître dans *Télé 7 Jours*. C'est une victoire de la démocratie, puisque Philippe Castelli se trouve ainsi mis à égalité avec Rudolph Valentino. Mais c'est aussi un peu trompeur, parce qu'on se doute bien que la mort de Philippe Castelli ne provoquera pas de suicides féminins, ni même la création d'une *Association des Veuves de Philippe Castelli,* comme ce fut le cas pour le fameux séducteur hollywoodien. Il faudrait faire une hiérarchie des stars. Heureusement, l'astronomie y a déjà pensé et a classifié les étoiles. En s'inspirant de cette classification, on pourrait donc distinguer différentes catégories de stars, depuis la géante rouge (type Rita Hayworth) jusqu'à la naine jaune (type Muriel Robin).

Votre capital stupidité à présent : ☐ points

Corrigé

Chaque case cochée rapporte 2 points. Si vous en avez coché plusieurs, c'est encore mieux. Ceux qui rêvent de Bruno Masure à la fois comme frère, amant, compagnon de bar et partenaire de belote marquent 15 points si ce sont des femmes et 20 points dans tous les autres cas.

Une fois réglée la question Bruno Masure, faites le même exercice avec Alain Gillot-Pétré, Nagui, P.P.D.A., Julien Lepers, Jean-Pierre Pernaut, Cousteau, Tazieff (dépêchez-vous pour ces deux-là, quand même), Jacques Martin, etc. Pour l'abbé Pierre, c'est plus difficile : il ne veut pas se marier, il ne boit pas et on ignore s'il joue à la belote. Cela dit, même les disparus peuvent servir à ces exercices. Surtout Yves Montand.

Et notez bien que ce n'est pas grave si vous donnez la même réponse pour plusieurs stars différentes. Tous ces gens célèbres ne sont pas jaloux les uns des autres ; ils ne vous en voudront pas.

Télévision et éducation

Regarder la télévision en famille a également un effet très positif sur l'éducation des enfants. Cela leur apprend à la fois la politesse et la patience.

Le principe est très simple : ne laissez pas votre enfant parler sur P.P.D.A. Ni sur Claire Chazal. Ni, d'une façon générale, sur qui que ce soit qui parle dans la télé. Et s'il en avait déjà pris la mauvaise habitude, montez le son. Ce n'est pas la peine de promettre une gifle. Montez simplement le son. Votre enfant se lassera. Pas la télévision. Voilà pour la politesse.

Si votre enfant pose des questions sur ce qu'il voit et entend à la télévision, il vous suffit de dire : « Tais-toi et écoute, et tu le sauras. » Au bout de dix fois, ne

---

Votre capital stupidité à présent : [ ] points

plus répondre. Et monter encore le son. Et voilà pour la patience.

Si toutefois votre enfant persiste, vous pouvez le gifler : ça lui apprendra à parler pendant que les grandes personnes causent, et en plus à essayer de dépasser en puissance l'électricité. Votre enfant doit comprendre dès son plus jeune âge :

• qu'il n'est pas équipé d'un ampli – ce qui lui apprendra très tôt que s'il en veut un, et s'il veut un avenir, il n'a plus qu'à monter un groupe avec des copains et une gratte, comme dans « Hélène et les Morpions [1] », pour essayer de faire de la chanson, à bon entendeur...

• et qu'on ne lutte pas contre le courant. Surtout le 220 volts.

1. Le titre exact de cette célèbre émission-jeu comporte « Hélène », ça c'est sûr. Mais vérifiez vous-même le reste, dans votre revue télé habituelle.

Votre capital stupidité à présent : [   ] points

Interlude : une série de tests

1 – Vous rêvez de passer à la télé :

A	En grattant	☐
B	Devant votre maison de campagne construite en zone inondable	☐
C	Souriant au péage sur la route des vacances, par 45° de latitude nord, et 45° à l'ombre	☐
D	Lors d'un procès d'assises	☐
E	Comme invité dans un débat sur la phénoménologie	☐
F	Comme mère porteuse	☐
G	Non	☐
H	Oh, mais ce n'est qu'un rêve, allez !	☐
I	Comme thème central d'une soirée à thème	☐
J	Tous les quarts d'heure pour vous justifier des soupçons de corruption qui menacent votre mandat	☐
K	Dès ce soir, quand on aura annoncé votre victoire aux présidentielles	☐

Votre capital stupidité à présent : ☐ points

Corrigé

La réponse G ne nous paraît pas possible. Nous sommes si stupéfaits que nous oublions d'enlever des points. Réfléchissez ! Passer à la télé ! Nous voulons croire que votre réponse est due à un moment de fatigue à la suite de toute cette lecture.

A part ça, ça va ?

La réponse A rapporte 3 points, B 2, C 2, D 1 point (avez-vous pensé à la place que vous pourriez occuper ? Dans quel box ?). E fait perdre 2 points. Et taisez-vous. F et H rapportent 2 points si vous êtes stérile, 1 point dans les autres cas. I fait perdre 3 points de mégalo, sauf si vous êtes le virus du sida. J ne rapporte que des points d'audimat : avec votre mandat d'élu du peuple, c'est ce dont vous avez besoin avant tout. K vous rapporte nos respects, et veuillez croire, cher candidat, que nous avons toujours cru en votre victoire, à laquelle, d'ailleurs, nous travaillons dans l'ombre depuis plusieurs semaines. Nos respects, Monsieur le Président.

Votre capital stupidité à présent : [   ] points

2 – Vous êtes déjà passé à la télé :

A	Parce que vous avez bien gratté	☐
B	Aux infos, derrière l'envoyé en direct, c'est vous qui faisiez bonjour	☐
C	Lors de la campagne des présidentielles 1965	☐
D	A « Apostrophes »	☐
E	A « 7 sur 7 »	☐
F	Dans une pub de lessive, déguisé en clown	☐
G	Dans une pub de lessive, comme ménagère avec accent	☐
H	Masqué, dans « Bas les masques »	☐
I	Dans une pub de lessive, déguisé en singe	☐
J	Comme usager de métro en grève	☐
K	Comme victime de camping tragique	☐
L	Comme victime de la chaleur	☐
M	Comme unité dans le sondage sur les sans-opinion	☐
N	C'est possible, mais vous dormiez	☐
O	Tous les soirs, comme présentateur du 20 heures	☐

Corrigé

Ceux qui ont coché C se sont trompés, ou bien sont morts. Cela leur rapporte 2 points. 4 s'ils s'appellent Marcel Barbu, mais ce serait étonnant.

F, G et I ne rapportent que 1 point, tout le mérite revenant ici à la stupidité du métier qu'on exerce, et

---

Votre capital stupidité à présent : ☐ points

non pas strictement à des qualités naturelles. De même pour O, qui ne rapporte même pas ce point. Les autres tarifs sont fonction de la difficulté de l'exploit. A et J valent 1 point, B et L valent 2 points (il y a beaucoup de candidats, mais bravo pour avoir passé les éliminatoires). D aussi, tout le monde peut écrire ou faire écrire un livre, mais vaut 4 si vous étiez dans le public et que vous avez fait bonjour. Si vous êtes le **présentateur** d'« Apostrophes », vous gagnez 5 points pour persévérance, et 5 points-retraite. H vaut 6 points, K vaut 7 points (mais il faut reconnaître que vous avez de la chance).

3 – Vous entendez aux infos : « Le gouvernement va prendre des mesures. » Vous comprenez :

A	Il va envoyer des arpenteurs sur le terrain	☐
B	Il va relever les normes de radioactivité	☐
C	Le ministre va passer à la télé ce soir vous dire quelque chose	☐
D	Il va augmenter les vérifications d'identité	☐
E	Le gouvernement va mener ça à la baguette	☐
F	On va peut-être être déclarés zone sinistrée	☐

Corrigé

Ah la la la la, c'était un test-piège ! Eh oui, c'est la dure loi du jeu. La seule bonne réponse possible était de cocher toutes les cases. En effet, comment savoir ? Ceux qui se sont tirés de ce mauvais pas sont très forts, ils ramassent 10 points. Ceux qui n'ont coché qu'une case perdent 3 points. D'autant plus que la réponse juste n'était pas dans le test. Ce sont des choses qui

Votre capital stupidité à présent : ☐ points

arrivent. Le vrai sens de l'expression est : « Le gouvernement fait dire qu'il a écouté les informations. »

4 – Laquelle de ces nouvelles est la meilleure ?

A	Les ouvriers réfugiés dans le cœur du réacteur ne présentent pas un taux de radioactivité supérieur aux nouvelles normes.	☐
B	Les salades achetées sur le marché de Tchernobyl seront vendues moins cher que celles récoltées en France.	☐
C	La fusion de la centrale ne présente aucun danger pour les habitants situés à plus de 1 000 km du site.	☐
D	Les conteneurs fendillés repérés dans la mer du Nord ne présenteront plus de danger dans 17 000 ans.	☐
E	Les ouvriers locataires de l'ancien réacteur seront indemnisés pour brûlures légères.	☐
F	Une étude récente prouve que la tomme de Savoie est plus digeste que celle de La Hague.	☐
G	Demain, même type de temps.	☐

Corrigé

Toutes les réponses rapportent 2 points, sauf G, parce qu'il pleut. Elle ne rapporte que 1 point de bonne humeur.

Votre capital stupidité à présent : ☐ points

5 – Devant la télé, votre enfant vous demande plutôt :

A	Papa, pourquoi il est tout maigre le petit Noir ?	☐
B	Papa, qui c'est ce vieux curé barbu qu'on transporte à côté de Line Renaud ?	☐
C	Papa, pourquoi Philippe Sollers sourit bêtement tout le temps quand on lui parle de Gallimard ?	☐
D	Papa, ils sont cousins, Don Patillo et Charles Pasqua ?	☐
E	Papa, il va venir, l'Ami Ricoré ?	☐
F	Papa, si on remettait la *Tosca* sur Arte ?	☐
G	Papa, tu dors ?	☐
H	Ouaiiiis !	☐
I	Papa, pourquoi on n'en a pas, nous, une chapelle ardente ?	☐
J	Papa, où elle est, maman ?	☐
K	Papa, pourquoi diable à ton avis la Bourse est-elle si fébrile en ce moment, saperlipopette ?	☐
L	Papa, t'as vu si elle a de beaux nichons, la troisième à gauche ?	☐

Corrigé

La meilleure réponse est H, qui montre que votre fils a de qui tenir, que vous avez bien su le surveiller et suivre nos conseils. Bravo, vous gagnez 10 points.

Pour les autres, trois catégories :

Les réponses B, D, E, I et L montrent que votre fils

Votre capital stupidité à présent : ☐ points

n'est pas aussi réussi qu'il pourrait l'être, mais qu'il peut s'améliorer. Tout n'est pas perdu. 2 points.

Les réponses A, C, G et J indiquent que hélas ! il sait déjà observer, juger et lire. Attention ! Tous vos efforts personnels pour progresser risquent d'être compromis. Si rien de ce que vous faites ne passe dans la génération suivante, à quoi bon tant de zèle ? Pas de points.

Les réponses F et K ont tout à faire craindre. Essayez, puisque votre fils sait sans doute lire et calculer, de lui faire acheter un exemplaire de ce livre. Mais de vous à nous, le cas paraît presque désespéré. Vous pourrez toujours essayer de le faire entrer au Conseil d'Etat. Nos condoléances. Moins 5 points.

Votre capital stupidité à présent : [ ] points

QUATRIÈME PARTIE

Tirez parti de votre environnement médiatique

Stupidité et médias

« The medium is the message. »
Souvenirs spirites, V. HUGO

Regarder la télé, c'est bien. Mais vous devez aussi apprendre à tirer le parti le plus stupide possible des quelques autres médias que vous pourriez rencontrer.

N. B. : Rappelons que le mot « Médias » désigne tout moyen légalement autorisé d'aller chercher les gens pour leur dire des choses désagréables ou sans intérêt immédiat (d'où leur nom : ils ne sont pas immédiats, juste médias).

Etudes Récentes et Grands Sujets

Globalement, les médias (hors messages publicitaires) contiennent trois types de textes. Les premiers sont les **informations**, ou **nouvelles**. Pour celles-là, vous avez la télé, et nos modules du chapitre précédent doivent largement vous suffire.

Ceux qui n'ont pas lu le chapitre précédent le lisent et gagnent 4 points. Ceux qui l'ont lu et ne s'en souviennent déjà plus gagnent 6 points. Quant à ceux qui

---

Votre capital stupidité à présent : [ ] points

commencent à le relire et le sautent une deuxième fois, ils gagnent carrément 30 points.

Hormis les nouvelles, vous remarquerez que les médias vous proposent soit des Etudes Récentes, soit des Grands Sujets.

Les Études Récentes

Qu'est-ce qu'une Etude Récente ? C'est une étude dont on vous apprend l'existence à la télé. Donc, deux fois bonne. D'abord puisque la télé en parle, ensuite puisqu'il est superflu de la consulter : des spécialistes l'ont faite pour vous, et d'autres l'ont lue pour vous. Il suffit donc d'en entendre parler.

Les Etudes Récentes représentent un progrès décisif sur toutes les études plus anciennes. La preuve, c'est qu'on n'entend jamais dire nulle part : « Comme vient de nous l'apprendre une vieille étude... » ou « Une étude ancienne a montré... » (Sauf dans le cas exceptionnel d'un Grand Mystère Insoluble et Passionnant, comme pour l'île de Pâques, les Extraterrestres précolombiens ou les manuscrits de la mer Morte. Dans ce cas, il est écrit ou dit : « Une Etude Très Ancienne révèle... » ou, mieux encore : « Un Texte Mythique nous apprend... » Mais n'embrouillons pas tout : l'intérêt de l'Etude Très Ancienne n'est pas ce qu'elle dit exactement, et de toute façon la découverte ou la redécouverte de cette Etude Très Ancienne est le fait d'une étude récente, donc ne vous cassez pas plus la tête que ça.)

Quoi qu'il en soit, jadis, les études **n'étaient pas récentes**. Et surtout, une étude ancienne ne montrait rien. D'ailleurs, elle continue à ne rien montrer. Il faut aller y voir dedans soi-même. C'est à peine imaginable : ces études exigeaient souvent d'être consultées, et même étudiées, ce qui est un gaspillage évident, puis-

---

Votre capital stupidité à présent : [ ] points

que ce n'est pas la peine de payer quelqu'un s'il ne fait pas votre travail. Le progrès est donc incontestable.

Autre point important : l'Etude Récente **est toujours une bonne nouvelle**. Sinon on n'en parle pas. Elle annonce soit que quelque chose qui était toxique se révèle bienfaisant, soit que ce qui était très toxique ne l'est pas tant que cela.

On peut apprendre mille belles choses des études récentes. Que les carottes peuvent être plus nourrissantes quand elles sont carrées, qu'on peut s'empiffrer pour maigrir, que le taux de radio-activité minimal peut monter continuellement sans être un danger pour l'organisme, que les colorants chimiques dans les bonbons sont excellents pour la mémoire, qu'il existe sans doute des formes de vie conscientes (mais heureusement stupides) dans la lave en fusion... Les Etudes Récentes sont donc une source perpétuelle de joie et d'admiration.

La quasi-totalité des Etudes Récentes est orientée vers et par la stupidité. Elles ont montré toutes sortes de choses récentes, donc bonnes. A la limite, elles montrent que tout est possible, dans n'importe quel domaine, pourvu qu'on y consacre des études récentes. Elles sont donc un appel constant à l'accueil intellectuel, en même temps qu'elles abaissent régulièrement votre capacité d'étonnement. D'ailleurs c'est bien connu : à notre époque, **il ne faut plus s'étonner de rien**. L'homme vraiment moderne est prêt à tout entendre comme à tout admettre. Cela a d'ailleurs été confirmé tout récemment par une étude.

Les Grands Sujets

Les Etudes Récentes sont idéales pour étayer les Grands Sujets. Certains préféreront parler de Grands Dossiers. Mais inutile de raffiner : un Grand Dossier et

---

Votre capital stupidité à présent : [ ] points

un Grand Sujet sont la même chose. La preuve : un Grand Dossier peut comparer plusieurs grands sujets, tandis qu'un Grand Sujet peut permettre plusieurs dossiers (et même des fiches).

On appelle « Grand Sujet » un titre de magazine comportant au moins un mot sacré. Les mots sacrés sont (sans que cette énumération ait la prétention d'être exostive) : Patrimoine, Pollution, Jeunes, Délit d'initié, Environnement, Automobile, Banlieues, Sida, Secret Défense, Chômage, Cindy Crawford. Pour reconnaître le mot sacré, c'est facile : c'est celui qui s'écrit avec une majuscule.

N. B. : On appelle « Majuscule » une de ces grandes lettres qu'on voit semées ici ou là au milieu des petites. On dit aussi « Capitales », mais ça prête à confusion parce que c'est aussi comme ça qu'on appelle les grandes villes. Quand on en arrive à des phrases comme : « Paris, capitale des belles-lettres », on ne sait plus de quoi on parle. Heureusement, de telles phrases sont dans des livres compliqués que vous n'aurez plus à lire grâce à ce livre.

Quelquefois, certains mots comportent une majuscule parce qu'il s'agit de noms de personnes. Ne vous laissez pas dérouter : ce sont eux aussi des Grands Sujets. Ayrton Senna, Balladur ou Patrick Roy sont des Grands Sujets. On peut même dire que tout nom de personne imprimé sur la couverture d'un magazine est appelé à devenir un Grand Sujet. Par exemple, dans chacun des noms propres suivants, on peut reconnaître un Grand Sujet : Maastricht, Le Pen, Dieu, Vaison-la-Romaine, Petit Grégory, Balladur, Timisoara, Alain Prost, Dubrovnik, Vanessa Paradis, Moscou, Berlin, Bernard Tapie, Srebrenitsza, Balladur.

Votre capital stupidité à présent : [   ] points

N. B. : « Dieu » est un nom propre polyvalent. Il peut désigner aussi bien le président de la République française en exercice de 1981 à Dieu sait quand, que le père du petit Jésus. A noter que, même s'ils se sont parfois rencontrés, Dieu n'a rien à voir avec Vanessa Paradis.

Pour bien reconnaître un Grand Sujet, c'est très simple. Il est généralement précédé de mentions caractéristiques du genre « Faut-il avoir peur de... ? » ou « Que faut-il penser de... ? ». Ou alors, il est précédé ou suivi de deux points.

Exemples :

Faut-il avoir peur de Saddam Hussein ?
Faut-il acheter un Presse-purée cette saison ?
Faut-il avoir peur de Balladur ?
Presse-purée : la folie de l'été.
Mal de dos : le malaise des cadres.
Dossier : cinquante Presse-purée au banc d'essai.

Le Grand Sujet peut parfois apparaître sans question ni deux points. Mais alors, c'est qu'il est moins grand :

Top ten des Presse-purée.
Le best of des Presse-purée.

A l'inverse, on trouve parfois les deux points **et** la formule caractéristique. Ou plusieurs mots sacrés reliés par les deux points. Là, c'est qu'on a vraiment un grand beau Sujet :

Banlieues : faut-il avoir peur des Jeunes ?
Affaire Grégory : la piste Tapie.

Les Grands Sujets peuvent se croiser. C'est même comme cela qu'ils deviennent tout à fait captivants. Exemple : « *Délit d'initié et Secret défense : que faut-il en penser ?* »

Leurs combinaisons sont à peu près infinies. Il est rare que cela ne donne pas quelque chose. Exemples :

Don du sang et faux passeports : la filière rouge.

Votre capital stupidité à présent : [   ] points

H.L.M. et démocratie. Faut-il augmenter les loyers des squats ?

Radium et vinaigrette : la cote d'alerte.

15 futurs présidents au banc d'essai.

Cheval donné : comment regarder les dents.

Il est très rare que le Grand Sujet ne veuille rien dire. Par exemple :

Multinationales et mal de dos : le rapport introuvable.

Le secret défense de Cindy Crawford.

Les fiches-cuisine de la DST.

ont encore quelque chose à vous dire.

Et même *Voltaire et les vitamines* ne veut rien dire, mais pas de beaucoup.

De toute façon, le Grand Sujet a le mérite d'exister.

Choisissez les magazines à Grands Sujets, vous serez sûr d'y trouver au moins une fois la phrase : « Des études récentes ont montré... » (Sinon, jetez-le : ce n'est pas un magazine sérieux.) Commencez par de Grands Sujets compliqués (*Faut-il avoir peur du Festival de Deauville ? Que faut-il penser des inondations du Sud-Est ?*), puis redescendez progressivement :

Faut-il avoir peur de Bernard Tapie ?

Que faut-il penser du patrimoine ?

Que faut-il penser pour la princesse Stéphanie ?

(Puisqu'elle, elle ne pense rien)

Quand vous en serez à Stéphanie, arrêtez-vous. Vous ne trouverez plus dans l'article aucune mention relative aux Etudes Récentes. En effet, Stéphanie est toujours une Etude Récente.

Votre capital stupidité à présent : [ ] points

Quelques mots sur les sondages

Le sondage s'apparente à l'Etude Récente dans la mesure où il a été fait par des spécialistes et où d'autres spécialistes vous disent ce qu'il veut dire. Sa particularité est **qu'il donne l'avis de gens comme vous et nous** (enfin, surtout comme vous). Le sondage est l'endroit où tout le monde se retrouve alors que personne n'a fait exprès d'y aller – un peu comme les embouteillages. C'est donc une formidable manifestation de solidarité humaine. Tenez-vous donc scrupuleusement au courant, non pas des sondages, mais de leurs résultats. C'est un outil précieux pour savoir quoi penser, en toutes circonstances.

De même, nous vous conseillons de toujours bien répondre aux sondages, que ce soit dans la rue (n'est-ce pas qu'on vous le propose de plus en plus souvent, depuis que vous suivez nos conseils ?), par courrier (surtout si vous faites partie des « Jeunes ») ou par Minitel. En effet, certaines émissions télé poussent le souci de l'ambiance jusqu'à demander aux spectateurs leur avis sur de Grands Sujets (« Pour ou contre la nappe phréatique ? », « Pensez-vous que Boris Eltsine a raison d'agir comme il le fait ? », « Souhaiteriez-vous des étés plus frais ? » « Pour ou contre la précession des équinoxes ? », etc.). Il faut absolument que vous répondiez en toute conscience, ne serait-ce que pour encourager les chaînes à progresser encore dans la voie de la stupidité.

Votre capital stupidité à présent : [ ] points

Intervenir dans les médias

« L'essentiel n'est pas de gagner mais de participer. »
Mémoires de guerre, Charles DE GAULLE

Il peut arriver que vous ayez vous-même à participer à la vie des médias. C'est-à-dire, passer à la radio, à la télé ou dans un magazine.

Les conseils ci-dessous ont pour but de vous aider à faire preuve, dans cette occasion, d'une stupidité optimale.

Le coup de fil à la radio

Beaucoup de radios, dont les animateurs sont dynamiques, invitent leurs auditeurs à appeler la station. C'est une vieille tradition qui remonte au 18 juin 1940. Elle a été ranimée avec flamme en mai 68. Cela ne date donc pas d'hier.

N'hésitez pas à participer à votre propre vie quotidienne par ce moyen. Il est fait pour vous, et vous permet souvent de gagner la Cocotte-Minute dans laquelle vous pourrez, la prochaine fois, réussir le ragoût qui est en train de brûler pendant que vous parlez à l'animateur.

Votre capital stupidité à présent : [   ] points

Le problème, c'est que parler dans le poste vous « coupe tous vos moyens ». C'est idiot, mais c'est comme ça. Toute seule dans la cuisine, vous parlez sans problème à votre radio ; mais dès qu'elle vous appelle, dès que c'est à vous, hop, paralysie !

C'est un phénomène inévitable, hélas ! Mais rassurez-vous, c'est aussi un très bon signe pour votre taux de stupidité. Alors, suivez notre conseil : renoncez à avoir l'air malin, mais entraînez-vous plutôt à bredouiller **en riant**. De toute façon, le présentateur est là, payé pour remplir les blancs que vous laissez à l'antenne.

Un seul détail vraiment important : n'oubliez pas, à la fin, de dire : « Je remercie la station. » Nous disons bien : la station. Ou, à la rigueur : « tout le monde ». Vous allez perdre la tête et ne plus savoir quel poste vous écoutez. Vous risqueriez de remercier France-Culture quand c'est Europe 1 qui vous appelle. Souvenez-vous tout de même que les sondages sur le sexe au lycée ou les émissions qui font gagner des Compact-Disc de Zouk Machine sont plus rares sur France-Culture.

Pour vous aider, voici un exemple de ce qu'on peut considérer comme une très honorable prestation de radio amateur :

(Sonneries prolongées de téléphone.)

Mme Dupiste : Allô ?

Radio : Allô ? Vous êtes bien le 49 43 53 45 ? Mme Dupiste, à Panazol ?

Mme D. : Ouais, qu'est-ce que c'est ???

Radio : Bonjour, madame ! Ici c'est Jean-Pierre Toufault, de France-Super. Vous êtes en direct sur notre antenne, pour l'émission L'Attaché-caisse.

Mme D : Ah, ... mon Dieu, mon Dieu ! Oh... Jésus Marie Joseph ! Oh, ho, ho, ho !!! C'est pas possible ! J'arrive pas à y croire !

Radio : Vous avez raison de vous méfier, le monde

Votre capital stupidité à présent : [ ] points

est plein de méchants plaisantins qui se moquent de tout le monde. Mais cette fois-ci, c'est vrai ! Alors dites-moi, vous pouvez nous donner le montant exact de la somme contenue dans notre Attaché-caisse ?

Mme D. (riant) : Oh, c'est trop bête ! Figurez-vous que non ! Je vous écoute tous les jours mais là, je suis en train de faire le ragoût pour mes neveux qui arrivent tout à l'heure...

Radio : Ah, c'est bien dommage, madame Dupiste. Vous auriez dû nous écouter. Petite coquine, va !

Mme D. (riant) : ...

Radio : Non, avouez, c'est dommage, madame Dupiste. Allô ? Vous êtes avec nous ? Je disais : c'est dommage.

Mme D. : Ben oui, je sais bien. Mais vous savez ce que c'est, le ragoût, ça demande toute sa tête... J'ai bien trop peur de le laisser brûler. D'autant que j'y ai mis les courgettes du jardin, avec un peu de cerfeuil et de basilic... Et une grosse cuillère d'huile pour éviter que ça attache. Parce que le problème avec le ragoût, c'est...

Radio : Eh oui... Mais vous venez de rater 375 644 F, le contenu de l'Attaché-caisse. C'est bête, hein ? Mais c'est la vie. On peut pas toujours gagner, dans la vie !

Mme D. (en riant) : Ah ben oui alors, ça c'est vraiment bête !

Radio : Tout ça parce que vous n'écoutiez pas France-Super !

Mme D. (très enjouée) : Ah ben vraiment c'est tout moi, ça ! Y a des jours comme ça où on fait que des bêtises ! Je vous ai raté juste le jour que vous m'appelez, et en plus figurez-vous que mon ragoût est en train de brûler ! *(Rire)* Qu'est-ce que je vais me faire attraper !

Votre capital stupidité à présent : [ ] points

Radio : Ça vous aurait fait plaisir de gagner cette somme de 375 644 F ?

Mme D. : Ça m'aurait bien arrangé. Surtout avec mon Gérard – c'est mon mari – qui est en fin de droits et la petite qu'on doit opérer la semaine prochaine.

Radio : Eh oui, que voulez-vous, c'est la vie... Eh bien, au revoir, madame Dupiste, et toutes nos amitiés à votre mari.

Mme D. : Ah ben ça, j'y manquerai pas, hein ! Et puis on va bien vous écouter désormais. Merci encore, Jean-Pierre ! Et merci à la station ! Oh la la, quand je vais raconter ça à Gérard, qu'est-ce qu'il va rire ! Hihihihi *(clac)* Tu, tu, tu.

Radio : Ah... notre correspondante a oublié de raccrocher. On enchaîne avec le nouveau disque de Stéphanie en duo avec Maître Capelo. C'est tout chaud, et ça aussi, ça risque d'attraper.

Le micro-trottoir

On appelle **micro-trottoir** le type d'émission où des gens sont interviewés au hasard dans la rue. En fait, ça fonctionne un peu comme un sondage, avec en plus des micros et parfois des caméras. Ce détail, joint au fait que les interviews ont généralement lieu sur le trottoir, justifie le nom de l'émission.

Les lecteurs qui se sentiraient satisfaits à l'issue de cette explication se retirent 5 points pour leur apprendre à perdre cette fichue manie de vouloir toujours tout comprendre.

Le micro-trottoir est donc votre principale chance de passer à la radio et peut-être même à la télé. Mais il y a un risque. En effet, les reporters interviewent

---

Votre capital stupidité à présent : [ ] points

toujours plus de personnes que nécessaire. Vous risquez donc, au lieu de passer à l'antenne, d'être **coupé au montage**. Ça ne fait pas mal, mais c'est très frustrant.

Pour éviter cela, vous devez absolument donner la réponse attendue par le journaliste qui vous interroge. C'est là que les sondages prennent tout leur intérêt. Ils vous permettent de savoir quoi répondre avec un maximum d'efficacité.

En effet, la plupart des gens qui sont coupés au montage sont ceux qui pensent qu'il faut donner son opinion. Alors qu'en réalité il s'agit de deviner de quelle réponse le questionneur a besoin pour son travail. C'est difficile. On ne sait pas toujours ce qu'ils ont en tête, ou ce qu'ils ont déjà récolté. C'est un peu comme pour la cueillette des champignons. Sauf que c'est vous le champignon. Il ne s'agit pas d'être une espèce trop rare, et pas non plus d'être trop courant. D'où l'intérêt de pouvoir, grâce au sondage, donner l'opinion de tout le monde. Comme ça, pour peu que vous ayez un physique qui passe bien à l'écran (gros nez, béret comme on n'en fait plus, etc.), vous êtes sûr de votre coup. A réponse égale, on vous choisira pour votre force à l'image.

Notre conseil :

Ne laissez pas le trac vous gagner. Oubliez tout, le micro, la caméra, le trottoir, et parlez au reporter comme vous le feriez à votre voisin de palier. Faites confiance à votre instinct. Il vous soufflera toujours la juste banalité et même parfois la banalité géniale.

Exemple-test : on a organisé récemment dans le nord-ouest de la France des cérémonies de commémoration de l'anniversaire du souvenir d'une bataille historique et commémorable. La zone des cérémonies et commémorations a été strictement gardée et réservée

---

Votre capital stupidité à présent : [   ] points

aux porteurs officiels de laissez-passer : chefs d'État, figurants costumés, présentateurs télé. Tous les curieux n'ont donc pas pu s'y rendre.

Un micro-trottoir a été réalisé dans les villages avoisinants, sur ce que pensait le public tenu à l'écart. La question était : « Que pensez-vous de ces restrictions ? » Parmi ces réponses, une seule a été sélectionnée. Auriez-vous su répondre ce qu'il fallait pour passer à la télé ?

A	Il est normal que cette cérémonie populaire soit réservée aux représentants du peuple.	☐
B	Ce n'est pas grave. De toute façon, ça ne m'intéresse pas.	☐
C	Pour voir tous ces trucs, on est beaucoup mieux devant sa télé.	☐
C bis	C't'un scandale, oui !! Elle est belle la liberté !	☐
D	Il faut se mettre à la place que tout le monde peut pas y aller.	☐
E	Tous ces barbelés, ces uniformes et ces laissez-passer, ça me rappelle mon jeune temps !	☐

Corrigé

La bonne réponse était D, parfaite pour son originalité grammaticale, son à-propos, sa gentillesse, bref son utilité à l'antenne. Ça n'a l'air de rien, on dirait que tout le monde peut le dire, ça ressemble à ce qu'un grand nombre de gens peuvent avoir pensé. Et pourtant, pour être exprimé comme cela, ça demande du talent, une spontanéité, un art de trouver sans chercher qui méritent d'être pris pour modèle. Toutes les autres

Votre capital stupidité à présent : ☐ points

réponses, d'ailleurs imaginaires, ont été coupées au montage.

Ceux qui l'ont trouvée gagnent 5 points. Ceux qui ont coché B ou C gagnent quand même 2 points. Ceux qui ont coché A ou E se retirent 5 points pour ironie facile. La réponse C bis est celle qu'il ne faut jamais dire : la mauvaise humeur est signe de mauvaise camaraderie.

L'émission télévisée dont vous êtes le héros

A force de regarder la télé, certains peuvent ressentir le désir de participer à une émission. Désir légitime et compréhensible, après un certain nombre d'heures à voir derrière la vitre des gens qui s'agitent dans des décors richement fluorescents, alors que votre salon, lui, a toujours les mêmes couleurs.

Jadis compliqué, cet exercice – service public oblige – a été volontairement mis à la portée d'un nombre de plus en plus grand de candidats. Comme le baccalauréat.

La règle de base de la participation est des plus simples : il suffit de savoir applaudir. Entraînez-vous à partir de ce que vous voyez. Applaudissez chez vous. Quand votre femme, votre mari ou vos enfants décident qu'il y en a assez, vous savez passer à la télé.

Pour passer à la télé, choisissez les émissions en **différé**, c'est-à-dire qui semblent se passer au moment où vous les voyez, mais qui en fait ont été enregistrées longtemps avant. Vous connaîtrez ainsi la date de votre passage sur l'antenne (n'oubliez pas de demander : « ça passe quand ? »). Si vous ne faites pas ça, tout le plaisir est perdu : vous ne pourrez pas avertir vos voisins,

---

Votre capital stupidité à présent : [ ] points

le cafetier d'en bas, vos copains de bureau. Ni votre tonton de Panazol.

Le fin du fin : achetez-vous un magnétoscope. Enregistrez soigneusement l'émission où vous êtes passé. Organisez des soirées dont vous êtes la vedette, en invitant parents et amis. Arrêtez sur l'image où on vous voit dans le coin en même temps que Jacques Martin. Pour vos parents et amis, ça changera agréablement des soirées-diapos sur les vacances de neige, la fois où vous avez dormi sur le bas-côté de la route de Saint-Jean-de-Maurienne, pas loin du camping tragique rasé par une avalanche.

Comment passer à la télé

Le plus simple est d'acheter un ticket de *Millionnaire*. Mais c'est aussi, avouons-le, un peu aléatoire.

Vous pouvez aussi vous inscrire pour être invité à une émission. L'inscription se fait par courrier (carte postale seulement), Minitel ou en venant faire la queue assez tôt devant les portes du studio. Dans ce dernier cas, il faut connaître l'adresse du studio et les bons jours pour faire la queue, appelés **jours d'enregistrement**. Pour les connaître, vous pouvez écrire à l'émission (carte postale uniquement) ou consulter son service Minitel.

Moins simple, mais assez efficace : écrire un livre. Mais faites bien attention, son sujet et votre éditeur détermineront votre heure de passage sur les antennes :

Votre capital stupidité à présent : [ ] points

Sujet	Editeur	Heure de passage
Sodomisée le jour de ses noces sous les yeux d'un teckel !	Fixot	A peu près où et quand vous voudrez
J'ai vécu dans une décharge publique sous les bombes à Dubrovnik.	Robert Laffont	20 heures
Les langages précolombiens et leur influence sur la littérature hispanophone.	P.U.F.	23 heures sur Arte
Minuit et le coup de Dédé, roman-lecture de Mallarmé par un schizophrène.	Editions de Minuit	Minuit

Vous pouvez aussi (sans que cette liste se veuille exhaustive) :

- tenter d'avoir quatorze enfants (20 ans d'efforts, 5 minutes d'antenne) ;
- mettre au point le moteur à jus de citron (15 ans d'efforts, 3 minutes d'antenne) ;
- battre le record du monde de marche en appartement [1] grâce à votre beau Stepper tout neuf (5 ans d'efforts, 2 minutes à *Télé-sport* le samedi à 22 heures) ;
- collectionner quelque chose d'insolite (50 ans d'efforts, un plan de 30 secondes de votre collection) ;
- militer pour la libéralisation du sado-maso-

1. Ou *Inside stepping* pour la fédération internationale.

Votre capital stupidité à présent : [   ] points

chisme nécrophile à visage découvert (trois mois de pratique, une heure à « Bas les masques »).

Dans tous les cas, évitez les actions qui vous obligeront à passer masqué ou mosaïqué. Pour une fois qu'on peut vous voir, c'est dommage de devoir se cacher. Voici quelques exemples, non exostifs, d'actions à éviter, suivies de leurs inconvénients ou limitations :

• faire partie du Front National Corse de Libération des Fromageries et Caves Martyres (cagoule) ;

• demander une rançon après avoir pris en otage des fillettes chics de Neuilly (cagoule, balles perdues) ;

• se prostituer au Zaïre pour payer la drogue finançant vos ventes d'armes (contre-jour) ;

• avoir fusillé au canon scié deux jeunes qui venaient jouer à chamboule-tout dans votre magasin sans penser à mal (mosaïque, manifs de lycéens) ;

• tenter de révéler que le gouvernement est corrompu (mosaïque, priorité aux documents que vous laissez et non à votre visage, asphyxie accidentelle dans un garage) ;

• militer pour la moralisation du football dans le sud-est de la France (cagoule, contre-jour, mosaïque, manifs, balles perdues et asphyxie[1]).

Plutôt que de vous livrer à ces égarements, imitez l'exemple des minoritaires donnant le bon exemple, dans le domaine de votre choix : maniaques sexuels à goûts recherchés luttant contre la honte, mouvements caritatifs ignorés organisant des chaînes de solidarité dans les égouts de Medellin, initiative écologique nouvelle (séparation des pneus et des papiers toilette usagés dans les décharges illicites) ou dénonciation après prescription du réseau d'espionnage international que

1. Suggestion de présentation. Cette énumération n'est pas contractuelle.

Votre capital stupidité à présent : [ ] points

vous avez géré pendant trente ans de guerre froide (émission idéale pour un retraité).

Apprenez « l'état de choc »

Pour passer à la télé, vous pouvez aussi représenter une population en état de choc. C'est très porteur.

« Depuis l'annonce de la nouvelle, la population entière est en état de choc. » Ou : « C'est une ville en état de choc qui se réveille aujourd'hui... ». Ces phrases, vous les avez souvent entendues. Vous avez souvent envié ceux qu'on allait interroger sur leur état de choc. Vous-même, êtes-vous prêt ? Car il ne faudrait pas que vous ratiez peut-être la seule occasion de votre vie de répondre à des reporters en balade avec micro et caméra.

Pour éviter ce risque, rien de bien difficile. Suivez seulement nos conseils.

1. Ne ratez pas les causes possibles de l'état de choc

Il se peut très bien que, pour les médias, il y ait état de choc et que, vous, vous soyez les premiers concernés, sans vous en apercevoir. Apprenez donc par cœur les principales causes possibles de l'état de choc :

• découverte d'un fait divers particulièrement sordide et crapuleux (enfant jeté dans une rivière, écoliers violés par un légionnaire déserteur, instituteur prétendant mettre des zéros en orthographe à ses élèves...) ;

• révocation soudaine d'un évêque cathodique[1] dans une paroisse proche de Lisieux ;

• rétrogradation de l'équipe nationale ou locale de quoi que ce soit en division 2 ;

• sanctions prises contre le maire ou le premier adjoint pour abus de biens sociaux, collusion avec la mafia et détournement de plusieurs milliards de subventions caritatives ;

1. Si, si...

Votre capital stupidité à présent : [   ] points

• fermeture d'une école dans un village de deux habitants ;

• marée noire, suivie de marée de détonateurs puis de raz-de-marée dans une ville dont la candidature comme site olympique a été récemment écartée ;

• sécheresse de plus de six mois suivie d'inondations, de chutes de neige, de glissements de terrain, accompagnés de menaces de pollution par découverte de décharges radio-actives dans le jardin d'enfants municipal, à côté de la villa fortifiée qui héberge l'ancien dictateur sud-américain depuis deux mois, après licenciement de la moitié de la population active de la région par suite de la fermeture de l'usine locale de préservatifs ;

• sortie du dernier film de Bastido Buzziconnacci suggérant que Jésus-Christ était peut-être un transsexuel noir amateur de cocaïne ;

• annonce de la fermeture du périphérique.

2. Ne ratez pas les symptômes de l'état de choc dans votre ville ou dans votre village

Si les reporters arrivent par hélicoptères entiers, votre village est certainement en état de choc. Ne soyez pas le dernier à vous en aviser.

3. Sachez adopter le comportement de l'interviewé en état de choc

Même si le choc vous paraît banal, à vous, parce que vous saviez tout sur l'inondation, la fraude, le film, etc., souvenez-vous que le reporter cherche un bon échantillon de l'état de choc. Tout ce qui ne traduit pas l'état de choc ne sera pas retenu : ce sera coupé au montage.

A titre d'aide-mémoire, voici quelques conduites à suivre comme à éviter. Attention ! A *gauche* : à suivre ; à *droite* : à éviter.

Votre capital stupidité à présent : [   ] points

A imiter	A éviter
Je ne comprends pas.	Je m'en doutais.
Je suis encore sous le choc, excusez-moi, je... je...	J'y aurais dit, moi, au maire. Mais on est fâchés. C'est bien fait.
Moi je dis, ça devrait pas être permis !	Je remercie la station.
Ça, pour pleuvoir, il a plu. Je suis trempé.	Ça fait trente ans que je leur dis de se méfier, mais, j't'en fiche ! tous des cons !
Je suis sûr que tous ceux qui nous voient et nous entendent partagent notre malheur.	Aidez-nous, tas de connards, au lieu de vous balader avec votre perche et votre biniou, là !
J'aurais jamais pensé que ça puisse arriver...	Ça passe à quelle heure vot'truc ?
J'sais bien. Mais qu'est-ce que vous voulez y faire ? Hein ?	Qu'est-ce que vous voulez qu'il fasse, le ministre ? Il est comme les copains !
La solidarité générale nous touche beaucoup. Il nous faut encore des couvertures.	Nous, ce qu'on attend, c'est l'assureur.
Au secours !	Manquait plus que les guignols, là, tiens, dans c'te merdier !

Comme d'habitude, 2 points-surprises à ceux qui ont coché quelque chose sans qu'on le leur dise.

Votre capital stupidité à présent : [   ] points

La lettre aux magazines télé

Enfin, là comme ailleurs, le magazine télé demeure l'ultime recours de ceux pour qui les autres moyens ont échoué. Si vraiment vous n'avez pas réussi à obtenir la télé, si tous vos micro-trottoirs ont été coupés au montage, il vous reste la ressource d'écrire aux magazines télé.

Une fois votre lettre sélectionnée et publiée, vous pourrez la découper et l'encadrer chez vous, ou la ranger dans votre album photo, ou les deux à la fois (il vous suffira d'acheter deux numéros du magazine ; vous leur devez bien ça). Vous pourrez aussi la faire voir à tous vos parents et amis. Le magazine se manie plus facilement et se conserve bien mieux que la cassette vidéo ; et il laisse un souvenir plus durable qu'un passage à la radio. Autre avantage : vous pouvez en expédier un exemplaire à votre tonton de Panazol[1].

Bref, la lettre aux magazines télé n'offre pratiquement que des avantages. Seul inconvénient : il faut savoir écrire.

Pour être sélectionnée dans le « Courrier des lecteurs », une lettre aux magazines télé doit respecter plusieurs critères.

D'abord, elle doit traiter d'un sujet en rapport avec la télé. Heureusement, ce n'est pas très difficile, tant sont nombreux les sujets traités par la télé. On note cependant quelques thèmes plus fréquents et efficaces que les autres. Ce sont :

- l'excès de football,
- l'excès de tennis,

1. Aux dernières nouvelles, celui-ci, à la suite du succès que ce livre représente pour lui, va passer à la télé.

Votre capital stupidité à présent : [ ] points

• l'excès de violence,
• l'excès de sexe,
• l'excès de pubs de lessive,
• l'excès de séries télévisées étrangères (en particulier, les dessins animés japonais),
• la cruauté gratuite envers nos frères inférieurs (en particulier, corridas, chasses à courre et tir à la tourterelle),
• l'admiration pour une vedette quelle qu'elle soit et le regret de ne pas la voir plus souvent à l'écran,
• la beauté des actions caritatives émouvantes et multichaînes,
• l'adresse du fan-club de Claire Chazal.

Si votre lettre traite l'un de ces thèmes, elle est presque sûre d'être publiée. En revanche, inutile d'espérer quoi que ce soit si vous écrivez pour signaler un anachronisme dans le remake polonais du *Septième Sceau* diffusé sur Arte mercredi dernier à 23 h 45, dans le cadre de la soirée thématique « Mysticisme et géopolitique ».

Ensuite, votre lettre doit prendre position. Poliment mais fermement. Avec clarté et sans demi-mesure. Vous devez affirmer nettement votre point de vue, sans chercher à faire des nuances ni à couper les cheveux en quatre. Soyez pour ou contre, mais soyez-le résolument.

Enfin votre lettre doit être courte. La place est comptée, de sorte que la rédaction du magazine coupe toujours plus ou moins dans les lettres publiées. Facilitez-leur la tâche, ils vous en seront reconnaissants.

Autre solution, plus facile mais moins sûre : répondre à une lettre déjà écrite, en défendant la position inverse. Exemple :

« *J'ai vingt ans, je suis étudiant en sciences sociales et je ne suis pas du tout d'accord avec ce qu'écri-*

Votre capital stupidité à présent : ☐ points

vait M. Machepot concernant les bœufs. D'accord il aime la viande, mais ce n'est pas une raison ! Qu'est-ce qu'il dirait si on venait l'abattre pour le manger, lui ? Si, comme il l'écrit, il a fait la guerre, il doit comprendre la souffrance de ces pauvres bêtes abattues pour faire des MacBacon et des Chicken Nuggets ! Chacun est égal devant la douleur, aussi bien les animaux, et à mon avis personnel on n'a pas le droit de leur faire de tort. J'espère qu'à l'avenir M. Machepot s'intéressera davantage aux avis des jeunes. »

Cette technique est intéressante à divers titres. D'abord elle évite les efforts d'imagination. Ensuite elle permet d'ouvrir une polémique, ce qui vous donne la chance d'être cité plusieurs fois. Enfin, la personne que vous aurez attaquée voudra répondre, ce qui vous permettra de répondre à votre tour, et ainsi de suite... Une fois la pompe amorcée, vous pourrez faire ainsi publier au moins trois ou quatre lettres.

L'inconvénient, c'est que cette technique commence à être connue. Il arrive donc que les rédactions coupent court au mécanisme en ne publiant jamais de lettres attaquant d'autres lettres. A vous de voir...

Le plus simple pour voir son nom imprimé : demander une adresse

La plus simple de toutes ces recettes est encore de demander à votre journal l'adresse d'une star, en disant que vous l'aimez beaucoup mais que vous ne savez pas où lui écrire, **ce qui est vrai**. En effet, la plupart des stars ne sont pas dans l'annuaire. Ni même sur Minitel, ce qui a définitivement brisé le sens de l'initiative de milliers de stupides qui avaient fait un bel effort, en se disant « Tiens ! je sais ».

Surtout, ne restez pas aigris. Voici deux modèles de lettres.

Votre capital stupidité à présent : [   ] points

Modèle 1 – *J'ai écrit plusieurs fois à Notre-Dame de Paris pour avoir l'adresse de l'abbé Pierre, mais celle-ci ne m'a jamais donné de réponse. Serait-elle jalouse de mes démarches ? Que je sache, l'abbé Pierre n'est pas marié. Merci de me renseigner.*

Modèle 2 – *J'apprécie beaucoup Mireille Dard. Des amis qui me veulent du bien et qui connaissent ma passion pour elle m'ont dit récemment qu'elle était la femme de Frédéric Dard. Est-ce vrai ? Cela me ferait beaucoup de peine mais je me l'explique par son récent malheur qui lui a fait perdre la vue dans* « Les Cœurs des oliviers brûlés ». *Si son mariage est essentiel à son bonheur, je m'inclinerai, mais j'aimerais lui dire que je reste à sa disposition pour toute proposition, car moi je l'aime. Je suis moi-même divorcée, et je comprends les malheurs de la vie.*

P.-S. : Où puis-je faire traduire ma lettre en braille ?

Dernier conseil

Bien entendu, si vous êtes trop timide, vous pouvez demander au journal de ne pas publier votre nom. Si vous trouvez cette idée intéressante après ce que nous venons d'expliquer, rajoutez-vous 15 points.

Médias et vraies-fausses informations

Nous ne saurions clore ce chapitre sur les médias sans évoquer le délicat problème de la désinformation. On parle beaucoup de désinformation, surtout dans les milieux bien informés. En effet, plus on s'informe, plus on craint la désinformation.

L'origine de la désinformation est un sujet de controverses. Selon les différentes thèses, elle pourrait être due :

Votre capital stupidité à présent : [ ] points

• à quelques nouvelles avariées glissées parmi les nouvelles fraîches, quelque part entre le tunnel sous la Manche et Rungis ;

• à des journalistes ou à des médias peu scrupuleux, qui manquent à leur devoir d'**étic** ;

• à la main de l'étranger, aux services secrets ennemis, à nos propres services secrets, à l'obligation pour l'Etat du devoir de réserve, etc.

Mais selon d'autres, cette notion de désinformation elle-même serait l'œuvre de mauvais esprits, désireux de nuire pour le plaisir, et donc il n'existerait pas de désinformation : ce serait une fausse nouvelle. La désinformation, qui incite à prendre les nouvelles au conditionnel, serait donc une nouvelle à prendre au conditionnel.

Votre capital stupidité à présent : [ ] points

Récréation : quelques tests

Comme précédemment, ces tests doivent être faits après une dizaine de jours d'entraînement face à votre télé et, occasionnellement, aux autres médias. En principe, vous devriez obtenir un score extrêmement flatteur.

1 – Vous créez un nouveau magazine grand public. Il s'appelle :

A	*Réponse à rien*	☐
B	*Ça m'intéresse pas*	☐
C	*Fric plus*	☐
D	*Télé télé*	☐
E	*Salauds les copains*	☐
F	*Sans idées*	☐
G	*Sans opinion*	☐
H	*Toutes des salopes*	☐
I	*Bulletin des admirateurs de Luis Mariano*	☐
J	*Offres d'emploi*	☐
K	Vous n'avez pas d'idées	☐

Votre capital stupidité à présent : ☐ points

Corrigé

Ceux qui ont hésité entre F et K gagnent 5 points. Les autres, qu'est-ce que vous voulez qu'on vous dise ? Prenez 2 points. C'est pas les titres stupides qui manquent, alors, ceux-là ou d'autres... (Excusez-nous, un coup de fatigue passager. Ça va passer.)

2 – Après 3615, vous tapez plutôt :

A	Chaud Q	☐
A	DÉSOU	☐
A	AMOURSANTÉ	☐
A	MATRAK	☐
A	NICHON	☐
A	BANIOL	☐
A	ZOODIAK	☐
A	BOULO	☐
I	Sur l'écran du Minitel	☐
J	Sur votre femme	☐
K	Vous ne savez pas faire 3615	☐

Corrigé

4 points d'encouragement à K[1]. Toute la réponse A rapporte 1 point. I et J rapportent chacune 2 points, sauf J, qui en rapporte 0 (zéro) pour cruauté. Ceux qui ont suivi gagnent 1 point. En plus.

1. A ceux qui *ont coché* K. Ceux qui se sont demandé : « Qui c'est, ce K ? » gagnent 10 points. Ceux qui ont cherché à savoir pourquoi Joseph K était favorisé perdent 20 points. Telle est la sentence.

Votre capital stupidité à présent : ☐ points

3 – Le sondage auquel vous aimeriez répondre :

A	Pour ou contre le Loto chaque jour	☐
B	Pour ou contre la propriété privée	☐
C	Pour ou contre les grandes catastrophes naturelles	☐
D	Votre cote de popularité dans le quartier	☐
E	De ces deux produits, lequel est de la margarine	☐
F	Pour ou contre les grandes soirées de solidarité télé	☐
G	Pour ou contre Racine en costumes togolais	☐
H	Pour ou contre la rediffusion du *Gendarme de Saint-Tropez*	☐

Corrigé

Ceux qui n'ont coché qu'une case perdent 2 points. Les sondages sont tous bien. C'est presque un devoir d'y répondre, vous devez vous en faire une joie. Pour parler franchement, votre avis nous intéresse.

A y réfléchir, E peut être risqué. I est inutile (la rediffusion des *Gendarme* est obligatoire : c'est presque un devoir d'y assister, vous devez vous en faire une joie). H ne concerne pas grand monde, mais bon... F a déjà eu lieu. A est en préparation. B, c'est pas nos oignons. Nous ne faisons pas de politique. Bref, chaque case cochée rapporte 1 point. Sauf si vous n'en avez coché qu'une (relisez le corrigé [1]).

1. C'était notre corrigé éliminatoire. Ceux qui ont bouclé quinze boucles ont droit à un quart d'heure de repos et à un bonus de 10 points. Allez, c'était pour rire.

Votre capital stupidité à présent : ☐ points

4 – Vous lisez en couverture d'un magazine : « Exclusif : Vanessa parle. » Vous pensez :

A	Chouette, un grand sujet ! J'achète.	☐
B	Ça, ça doit être bien.	☐
C	Qui c'est, cette Vanessa ?	☐
D	Qui c'est, ce Exclusif ?	☐
E	Tant qu'elle ne chante pas, ça me va.	☐

Corrigé

Ceux qui ont répondu A se rajoutent 1 point : ils sont encore un peu trop studieux. Les réponses B et D rapportent 2 points. La réponse C vaut 0 point et vous feriez mieux de regarder plus souvent votre télé, sans quoi on va pas avancer.

Les petits malins qui ont répondu E s'enlèvent 5 points et refont tous les exercices depuis les trois derniers chapitres. Ils peuvent rester en liberté pour lire la suite sans refaire les tests, mais moyennant une caution de 50 points.

5 – Quel est votre héros préféré ?

A	Le Petit Grégory	☐
B	Super Mario	☐
C	Le vigile du supermarché	☐
D	Justin Bridou	☐
E	Vanessa	☐
F	Votre dealer	☐
G	Le prince Charles	☐
H	Exclusif	☐

Votre capital stupidité à présent : ☐ points

Corrigé

Ceux qui ont répondu H perdent 3 points pour opportunisme. Ceux qui ont confondu Justin Bridou avec leur député-maire gagnent 5 points. Tous les autres rapportent presque 1 point, sauf : votre dealer, qui vous coûte trop cher, et qui ne vous rapporte jamais qu'une dose coupée. Ceux qui ont coché C posent leur matraque et s'enlèvent 2 points. Ceux qui ont coché B gagnent deux vies supplémentaires. Those who coched G are gentlemen indeed, and win 1 point. Ceux qui ont regretté l'absence de Lady Di gagnent 5 points. Vanessa et le Petit Grégory arrivent ex aequo : leur point commun est le paradis (2 points d'innocence).

6 – Quel est votre artiste préféré ?

A	Pavarotti	☐
B	Patrick Sabatier	☐
C	Alain Gillot-Pétré	☐
D	Napoléon	☐
E	Sim	☐
F	Jacques Toubon	☐
G	Patrick Bruel	☐
H	Ils sont tous bien.	☐

Corrigé

H était la seule réponse possible. Elle vaut donc 8 points. Toutes les autres se valent, et on va pas discuter des heures de vos préférences. Moi, je le dis toujours, des goûts et des couleurs, tout est dans la nature.

Votre capital stupidité à présent : ☐ points

7 – Sur votre écran, des sortes de grands singes se chamaillent en brandissant des lambeaux de tissu. Vous vous dites...

A	Tiens, Christine Bravo a changé de look.	☐
B	Ça ne s'arrange pas à l'Assemblée.	☐
B	Tiens, un documentaire...	☐
C	Tiens, un match de l'O.M...	☐
D	Tiens, c'est encore *La Guerre du feu*.	☐
E	Qu'est-ce qu'ils ont encore inventé à « Bas les masques » ?	☐
F	Touti rikiki, maousse kosto !	☐
G	C'est le moment de zapper.	☐
H	Rien.	☐

Corrigé

Toute réponse gagne 3 points, mais H en rapporte 5. Ceux qui ont coché F gagnent 15 points, et 30 si l'image représentait bien finalement un débat orageux à l'Assemblée nationale.

Votre capital stupidité à présent : ☐ points

8 – Rendez à chaque ville la catastrophe qui l'a rendue célèbre :

A	Three Miles Island	1) Tremblement de terre du siècle
B	Seveso	2) Pollution atmosphérique de l'année
C	Minamata	3) Contamination radioactive de la décennie
D	Dreux	4) Erreur d'appréciation du siècle
E	Timisoara	5) Empoisonnement chimique du siècle
F	Waco	6) Contamination radioactive du siècle
G	Tchernobyl	7) Suicide collectif de la décennie
H	Erevan	8) Bête immonde de la décennie

Corrigé

Tous les chevaux ont couru. Dans l'ordre, A 6, B 2, C 5, D 8, E 4, F 7, G 3, H 1, l'épreuve rapporte assez peu ce soir : –10 points. Ce n'est pas le Pérou. Ce serait plutôt la contre-performance de la décennie. Il faut dire que le terrain lourd a déconcerté pas mal de parieurs. Dans un ordre différent, en revanche, c'est intéressant. Il y a eu photo pour départager les ex-æquo, d'autant qu'on a mélangé les dossards. Mais ce n'est pas grave : va comprendre, Charles ! Aujourd'hui, on joue comme on aime.

Votre capital stupidité à présent : [   ] points

La publicité

« La publicité, c'est le mécénat du XXe siècle. Je suis à Léonard de Vinci ce que La Vache qui Rit est à Laurent le Magnifique. »
20 Pensées, J. SÉGUÉLA

Ce chapitre sera bref. Parce que le problème est simple. La publicité est pour le stupide aussi essentielle que l'air qu'il respire. On ne parle pas de l'air qu'on respire. On le respire. C'est notre pain quotidien : on ne parle pas la bouche pleine.

Universalité de la publicité

La publicité est véritablement le sang qui circule dans les veines de la société. Elle irrigue tous les actes de la vie : ouvrir sa boîte aux lettres, ouvrir son journal, ouvrir la bouche, voir marquer un but, demander l'heure, attendre l'autobus, bronzer au soleil, bronzer à l'ombre, nettoyer les fesses de bébé, déballer une rondelle de pâte rougeâtre raidie à –30 °C et se dire que c'est une pizza, boire jusqu'au bout de la nuit, enfiler un préservatif avant d'enfiler celui ou celle à qui on l'offre... il n'y a pas un geste dont la publicité ne fournisse le secret, la recette, la clé.

Votre capital stupidité à présent : [ ] points

Comme tout dans le monde, sauf les déserts et les fonds marins, ce livre est plein de publicité dans tous ses chapitres. Il en est tout imprégné. On ne rappellera donc ici que l'essentiel, à savoir : on ne voit vraiment pas ce que l'homme d'aujourd'hui ferait sans la pub. On ne peut même pas imaginer ce que serait le monde sans elle, où il en serait, où il aurait bien pu aller.

Sans la pub, par exemple, il n'y aurait pas de télé. Peut-on imaginer cela ? Sans la pub, les murs des villes seraient muets. On n'y verrait rien que des interdictions de stationner, des feux rouges, des croix de pharmacie, des indications sur la distance d'ici à Hénin-Liétard et des sens interdits.

Sans la pub, il n'y aurait jamais eu de tigres dans les moteurs, de cheveux gramouillés, d'enzymes gloutons, de 3615 tapez Ulla, de lapins géants qui jouent de la trompette, de nouveau-nés ensanglantés de 12 m^2, de dinosaures sur les paquets de café. Pas de pin's, pas de logos sur les vêtements et les chaussures, pas de drôleries sur les T-shirts, pas de voiliers qui portent des noms de moutarde et de jambon. Les magazines seraient tout maigres, et même auraient sans doute disparu. Il ne resterait que *Le Canard enchaîné*. On doit à la pub tout ce qui s'est dit et échangé de drôle entre amis depuis Fernand Raynaud. (Et même avant.) Par exemple :

- de la prose : « Nous vaincrons parce que nous sommes les plus forts » ;
- et même de la poésie :

  « *Pour toi, cher ange, Pschitt orange,*
  Pour moi, garçon, Pschitt citron. »

Votre capital stupidité à présent : [ ] points

Utilité de la publicité

La pub est indispensable à tous les stupides. Le stupide qui vend aux autres stupides a besoin de la publicité. Le stupide qui fabrique la publicité pour les autres stupides a besoin de l'argent du stupide qui vend. Le stupide qui achète a besoin des conseils du stupide qui vend, formulés par le stupide qui invente la pub.

Chaque jour, la pub nous invite à tout accepter, à tout admettre et à ne s'étonner de rien, ce qui est, vous le savez maintenant, la pratique de base de toute stupidité bien comprise.

Le but de la publicité est double :

- avant l'achat, elle sert à faire ouvrir les yeux sur des choses à acheter les yeux fermés – ou à faire tomber le plus de signaux bruyants possible dans l'oreille d'un sourd ;
- pendant et après l'achat, elle offre gratuitement ce qu'il faut penser pour chaque occasion de dépenser. C'est utile et pratique : en payant la chose, vous recevez gratuitement, tout prêt, le bout de pensée et de parole qui va avec.

Imaginez qu'il faille penser par soi-même, alors qu'on a les mains occupées avec son porte-monnaie : on n'en sortirait pas, on ne serait peut-être même pas entré dans l'hypermarché. Non seulement on serait donc resté dans la rue les mains vides, sans rien faire, mais on serait tout désemparé une fois les mains pleines, à se demander ce qu'on a bien pu faire, ce qui nous a pris, quelle mouche nous a piqué notre fric, pourquoi les femmes préfèrent Le Chat compact... Il faut être honnête, l'idée d'un chat compact ne viendrait spontanément à personne.

Votre capital stupidité à présent : [ ] points

Pour certains produits, la publicité pense tellement à tout, qu'elle vous avertit même de ce qu'il pourrait y avoir mais qu'on n'y a pas mis exprès, en vous faisant bien remarquer que le produit est amélioré grâce à ce qu'il n'y a **pas** dedans. Ça a l'air compliqué parce que vous n'y auriez pas pensé, mais c'est très simple quand on le lit sans penser à rien.

Exemple : les pots de fruits pour bébé **sans sucre ajouté**.

Cela veut dire qu'on a **évité** d'y ajouter du sucre. Vous l'avez compris. Mais vous n'auriez pas compris « Sans sucre ». « Sans sucre » fait pauvre. Et puis d'ailleurs, c'est faux : il y a déjà du sucre dans les pots, celui qui vient naturellement des fruits. Ce ne sont donc pas des pots de fruits sans sucre, mais sans le sucre qu'on n'y a pas ajouté. D'où « **Sans** sucre **ajouté** ». Ajouter « ajouté » ajoute quelque chose : ce qu'on n'a pas mis. C'est ce qu'on appelle un **plus.**

Vous trouvez tout cela normal ? Evident ? Vous ne voyez pas pourquoi on tourne autour de ce pot ? Vous avez bien raison, cela ne valait même pas la peine qu'on le signale. Vous ne serez pas davantage surpris le jour de la mise en vente des yaourts « sans plomb » ou des hachis surgelés « avec suppression du strontium 90 excédentaire ». Votre entraînement commence à bien porter ses fruits. Avec ou sans sucre.

La publicité, ne partez pas sans elle, ce qu'elle fait à l'intérieur se voit à l'extérieur, vous n'imaginez pas tout ce qu'elle peut faire pour vous, ne passez pas à côté des choses simples, mais si c'est possible, c'est écrit dessus, y a bon, le progrès ne vaut que s'il est partagé par tous, sous les pavés la plage, la vie en trois lettres, buvez, éliminez, c'est pourtant facile de ne pas se tromper, à suivre, *just do it*, fraîcheur de vivre, à vous d'inventer la vie qui va avec.

Votre capital stupidité à présent : | | points

Test : A l'intérieur de cette phrase s'est glissé un passage qui est du plus mauvais esprit. Trouvez-le, vous aurez une surprise.

Réponse : C'était « sous les pavés, la plage », qui n'est qu'un slogan de mouvement politique avorté. La surprise, c'est que ceux qui l'ont trouvé s'enlèvent 10 points. Ça leur apprendra à vouloir continuer à savoir lire, à avoir de la mémoire et de mauvaises fréquentations. Les autres ne gagnent rien. On ne peut pas savoir s'ils se sont trompés ou s'ils ont lu le test.

Quelques triomphes de la publicité

Pour bien faire comprendre les rapports entre publicité et stupidité, le mieux est de prendre quelques exemples. Vous comprendrez mieux avec des exemples. Enfin, moins mal.

Exemples

Sur une affiche, une vache sur un canapé incite à l'achat d'un canapé. L'image fait comprendre que le canapé sur lequel est vautrée la vache est fait avec de la peau de vache. Sans doute d'une autre vache. Peut-être sa mère.

C'est très clair tout de suite. Parce que c'est stupide. Quelqu'un d'intelligent ne comprendrait pas ça. Il s'assied dans un canapé, quand il en trouve un ; mais il ne lui viendrait pas à l'idée de faire ce qu'on lui montre que fait une vache. Seuls les stupides peuvent y trouver leur compte.

Or cette publicité est un triomphe. La preuve, c'est qu'elle ne s'est pas renouvelée depuis au moins dix ans. Et cependant, cette confiance envers la stupidité est courageuse : une telle affiche est tout de même risquée. Cette affiche accepte le risque de faire penser qu'elle vend soit des vaches (dont on n'a plus guère l'usage chez soi en un seul morceau), soit des sièges pour vaches (dont l'achat est assez rare en ville), soit des canapés avec cadeau gratuit d'une vache à tout acheteur (il n'est mentionné nulle part que le dessin de l'affiche n'est pas contractuel[1]).

Autre triomphe (et international, s'il vous plaît) : photographier des gens avec des chaussures sur la tête pour vendre des chaussures. Il est évident qu'aucune personne intelligente ne pourrait comprendre. Le stupide, lui, pige tout de suite ce qu'on a voulu lui dire : ces chaussures sont enfin libérées de tout ce qui fait l'ennui des chaussures ordinaires.

En effet, elles sont sans inconvénient de taille pour ceux qui ont les pieds trop petits, trop grands ou gonflés (même une petite chaussure ira sur une grosse tête, et vice versa). Elles autorisent, pourvu qu'on ait acheté les chaussures (même une seule), à n'en faire qu'à sa tête avec, y compris ne pas les mettre à ses pieds, en mettre d'autres, une seule, ou rien du tout et aller pieds nus. Elles permettent de s'habiller des pieds à la tête, de garder la marque en tête. Elles conviennent à tous ceux qui ont la tête à ça.

Cette annonce concerne même ceux qui en ont pardessus la tête des chaussures, ou ceux à qui la pub passe au-dessus de la tête... Bref, simple, directe, large de vues, refusant totalement tout élitisme, cette publicité enseigne la liberté d'esprit à l'égard des chaussures et renouvelle complètement un marché jusque-là trop étroit et routinier.

1. C'est peut-être le moment d'essayer d'avoir une vache gratuite.

Votre capital stupidité à présent : [ ] points

Quelques mots sur les clips

Le clip est une forme particulière de création télévisée, qui est à la pub ce que l'alcool est à Canada Dry.

Rappelons les bases. On appelle « clip » le déferlement d'images violemment colorées, sans logique reconnaissable, auxquelles il est désormais impossible d'échapper lorsque la télé diffuse un disque.

Un clip est une publicité pour la vente d'un disque, où le produit à vendre (le [la] chanteur [euse], mi-clown, mi-singe, mi-femme nue) est **la chanson publicitaire de lancement** du produit. Ainsi le produit occupe toute la place du début à la fin, et sa publicité aussi. Progrès gigantesque.

Le clip est donc la version améliorée de la publicité, avec laquelle il partage ce double souci d'originalité et de surprise constante. Mais l'inconvénient est que le message de base est toujours le même : « Vous qui écoutez cette chanson gratuite, vous devriez l'acheter, vous devriez l'acheter, vous devriez l'acheter, etc. » Pour varier un peu, on a donc décidé de mettre des images en vrac.

Pour arriver à surprendre l'auditeur[1], il faut éviter à tout prix que celui-ci puisse s'attendre à ce qu'on va lui montrer. C'est pourquoi on évite soigneusement toute image qui pourrait présenter le moindre rapport avec le texte de la chanson. Et même avec son titre. A la limite, l'idéal serait de ne même pas montrer le chanteur.

On n'a pas encore osé. Car le chanteur tient dans le clip non seulement les rôles du produit et de la pub, mais aussi celui du client : c'est lui qui paie. Ou sinon lui, sa maison de disques. Et on n'a jamais vu un client

1. Donc, en l'occurrence, le spectateur (*Note de l'autre auteur.*)

Votre capital stupidité à présent : [ ] points

accepter de ne pas apparaître dans sa pub. Il y a des limites à ce que peut accepter une entreprise. Ou alors le chanteur ne servirait plus à rien. Il n'aurait qu'à aller se faire voir ailleurs. A la radio, par exemple. Vous voyez bien que ça ne tient pas debout.

Donc, si original et ébouriffant que soit un clip, vous pourrez toujours être certain que le chanteur apparaîtra dedans. Les concepteurs du clip se consoleront en lui faisant faire les choses les plus farfelues : se déguiser en gros légume, se rouler nu dans de la confiture d'oranges, se faire suspendre à un plafond grâce à des chaussures enduites de colle forte ou manger des spaghettis en tenue de curé catholique[1].

Sur le fond, le clip sert à quatre choses :

• Permettre au spectateur d'écouter la musique avec les yeux, et de la voir avec les oreilles.

L'audio-spectateur émet alors un bêlement caractéristique que l'on peut à peu près transcrire par : « Gééééé...niaaal[2] ! » et arbore une expression de plénitude satisfaite jusqu'à la fin de l'émission. Après quoi il court acheter le disque. Il l'écoute en fermant les yeux pour revoir les belles images.

• Donner à la télévision un peu du prestige écrasant de la radio. Plus transportable qu'une télé, la radio reste la référence en matière de mouvement.

1. Nos exemples datent un peu. Mais de toute façon, pour vous convaincre de ce qui précède, vous n'avez qu'à regarder n'importe quel clip. On ne peut pas en prendre un comme exemple : ça va trop vite. Le temps d'imprimer ce livre, le clip serait démodé et vous ne vous en souviendriez plus.

2. **Génial, géniale** (adj.) : étymologiquement *qui a du génie*, comme Mozart, Michel-Ange ou Isaac Newton. Qualifie aujourd'hui tout ce qui, à un moment donné, peut sembler remarquable dans sa catégorie : « Ce film (livre, yaourt, joint, mec, steak au poivre, Stepper, ministre de la Culture, blouson, restaurant...) est génial ! » Syn. : Extra, trop, too much, jtedipa.

Votre capital stupidité à présent : [ ] points

L'idée stupidement géniale de mettre des images sur des chansons différencie bien une chanson télé (qui se voit, et bouge à la place du spectateur pétrifié) d'une chanson radio (qui ne fait que s'entendre, et pousse l'auditeur à gigoter). Surtout si c'est la même. D'ailleurs, si quelqu'un vous dit qu'une chanson ne lui paraît pas terrible, la vraie bonne réponse stupide à lui faire est : « Oh ben ouais, peut-être, mais tu verrais le clip ! Gééé...niaaal[1] ! »

• Proclamer la supériorité de l'Art sur la vie banale, et la supériorité de la vie électrifiée sur la vie sans courant. Comparés à un clip, les délires les plus débridés d'André Breton ou de Salvador Dali[2] paraissent raisonnables comme une déclaration d'amour d'expert-comptable auvergnat. Ils prouvent bien que la vie sans Art n'est rien, et que la vie sans courant en Auvergne est fade[3].

• Le clip, enfin, sert à zapper sans télécommande : les images ont un système de zapping intégré. On a l'impression que c'est l'œil qui zappe. Pour ceux qui ont appris à lire, c'est assez douloureux, au moins dans les premiers temps. Mais la question ne se posera même plus dans moins d'une génération.

Tout cela donne les meilleurs résultats en matière de stupidité. La contemplation de quelques dizaines de clips conduit le patient à un état béat dans lequel l'ac-

1. Pour l'instant les maisons de disques vendent encore des disques (sans images) qui se mettent sur (ou dans) des lecteurs de disques (sans télé). On a dit que l'acheteur fermait les yeux. Mais c'est une solution provisoire, car elle exige un geste volontaire et de l'imagination. Dans quatre à cinq ans le C.D. sera détrôné par l'audiovidéo-cassette musicale et le Walkman par le casque intégral à lunettes-écran. Vous aurez l'air malin, avec votre platine laser.

2. Et on se retire 5 points par nom connu !

3. Tous ceux qui ont pensé : « Comme un viaduc » se retirent 10 points.

Votre capital stupidité à présent : [   ] points

cueil intellectuel est suscité de façon réflexe, comme les mouvements des muscles des grenouilles qu'on branche sur le secteur. D'où l'expression : être branché.

La conclusion coule de source. Dans les heures tardives de la soirée où vous ne pourrez plus regarder de publicités, remplacez-les par des clips. Non seulement certaines chaînes en proposent toute la nuit, mais en plus ils vous feront un effet égal ou supérieur à celui de n'importe quelle pub lessivielle.

Votre capital stupidité à présent : [ ] points

Et maintenant... quelques tests de publicité !

1 – A votre avis, l'Ami Ricoré vient toujours au bon moment parce que :

A	C'est le facteur	☐
B	C'est facile de ne pas se tromper	☐
C	C'est l'amant de la maîtresse de maison et c'est un bon coup	☐
D	Il a du pot	☐
E	Il a un flair de pique-assiette de première et il sent le petit déjeuner gratuit à 4 6 kilomètres	☐
F	C'est l'assureur MAAF qui trouve l'ouverture	☐

Corrigé

La meilleure réponse était la C, des études récentes l'ont prouvé : c'est l'avis partagé par la majorité des

Votre capital stupidité à présent : ☐ points

téléspectateurs, d'après un sondage [1]. Pour cette raison, sur le principe des gains du Loto, elle rapporte seulement 1 point. Ceux qui ont répondu F ont 1 point d'assiduité. Ceux qui ont coché B font plaisir à Monsieur Ricoré, mais aussi à Monsieur Volkswagen : ils gagnent 1 point pour chacun (sur le modèle « une cuillerée pour papa »). D rapporte 2 points de hasard. E vous enlève 2 points de mauvaise camaraderie, de ruse et d'opportunisme.

2 – Les chewing-gums Clorets sont :

A	Aux poireaux	☐
B	Aux polyols	☐
C	Au parapropyloxybenzoate de méthyle	☐
D	Parfaits pour faire de la place dans le métro	☐
E	Roses	☐
F	Inconnus de vous	☐
G	Bons pour ce que vous avez	☐

Corrigé

G rapporte 4 points. A 3, B 1 (écoute trop attentive), C 3 tout de même pour un bel effort d'accueil intellectuel, E et F sont ex æquo.

(Ceux qui demandent à combien se retirent 2 points.)

1. Ce livre dit beaucoup de stupidités, mais celle-ci est authentique.

Votre capital stupidité à présent : ☐ points

3 – « Son péhache est doux » signifie :

A	Il entre sans me faire mal	☐
B	Son prix est modique	☐
C	Cette autoroute est gratuite	☐
D	Son taux d'acidité ne met pas en péril les muqueuses périlabiales	☐
E	Ça ne peut pas faire de mal à une foufoune, même jeune : il n'y a pour ainsi dire que de l'eau	☐

Corrigé

E vous fait perdre 6 points, sauf si vous êtes gynécologue. D vous retire 2 points (et vous savez pourquoi, taisez-vous, 2 points en moins). A et B rapportent très honorablement 4 points. C en rapporte 6.

Votre capital stupidité à présent : ☐ points

4 – « Touti rikiki maousse kosto » signifie...

A	Un chimpanzé, c'est petit, mais ça en a une grosse comme ça.	☐
B	Mini-prix, mais il fait le maximum.	☐
C	Avec sa forte concentration et sa richesse en éléments tensio-actifs, ce produit est capable d'éliminer, même au-dessous de 40 °C, les taches que d'autres ne peuvent pas atteindre, et sans frotter. Moi-même j'étais incrédule, quand Georges, mon grand singe de mari, est arrivé avec le paquet, et j'ai cru qu'il s'était trompé. Je lui ai dit : « Mais tu sais bien que je ne prends que ma lessive habituelle et que j'y suis fidèle, alors pourquoi ne pas m'avoir rapporté ce que je t'avais demandé ? » Il m'a dit : « Mais tu vas voir, guenon bibiche, c'est ta lessive, mais super-concentrée. » Et j'ai dû me rendre à l'évidence, elle était plus riquiqui, mais bien plus maousse costaud aussi, même sur les taches difficiles. Depuis, je n'emploie plus qu'elle. Et vous ?	☐
D	Comme elles sont mignonnes, ces petites bêtes, avec leurs vêtements rigolos. Et ces mimiques ! Moi, elles me font tordre à chaque coup. D'ailleurs, puisque c'est ça, eh ben je m'en vais l'acheter, tiens, leur truc !	☐
E	Pour les sols, il n'y a que Spic. Il est recommandé par 543 marques de machines. A nous la liberté, si on prend n'importe quoi pour nettoyer son émail, ça raye. Tandis que lui, avec son taux actuariel brut à 8,23 % et ses deux agents assouplissants, il nettoie à l'intérieur des dalles difficiles avant qu'elles ne se rétractent. Pourquoi on irait se décarcasser ? Numéro un oblige.	☐

Votre capital stupidité à présent : ☐ points

F	C'est le nom du chimpanzé. Sa femme s'appelle Crapoto Bastafuit.	☐
G	En singe, ça veut dire : vive les Kellog's cornflakes.	☐

Corrigé

Si vous avez coché C :

- Par hasard, 1 point.
- En ayant tout lu, 3 points.
- En ayant tout lu, reconnu ce que vous aviez entendu et approuvé, 30 points. C'est une des recettes record des cases de ce livre. Nos félicitations !

B et E rapportent 2 points de méprise. La case A sort absolument du sujet (en dépit des apparences).

5 – Saurez-vous reconnaître ces musiques publicitaires ?

A) Ta tatata ta ta, ta tatata ta ta, ta tatata ta taa, ta ta taa, tatataaaaaa...
B) Tatatatam, tatatatam, ta ta ta tata ta ta !
C) Taaaa, tatata tatatam, ta ta ta ; tatata tatatâââm ; tatatata tatatatam...
D) Ta ta ta, ta ta tam ; ta ta tam, ta ta ta. Ta ta ta, oh oui !
E) Ta ta tatam, tatam, ta ta tatatam, ta ta tatatam, tata tata tatatam...
F) Pap pala bo, pappalap pap pap pala bo, pap palap pap paââ !!

Votre capital stupidité à présent : ☐ points

A		☐
B		☐
C		☐
D		☐
E		☐
F		☐

Non, là, c'est à vous d'écrire. Comme dans les cases de la Sécu. (Débrouillez-vous que ça rentre.) Ceux qui ont coché quelque chose s'ajoutent 3 points.

Corrigé

A : Collants et bas Dim.

B : Nettoyant Monsieur Propre nouvelle formule suractivée pour tout nettoyer du sol au plafond et même qu'on se voit dedans tellement ça brille.

C : *Le Boléro* de l'UAP[1] et ses joyeux patineurs multicolores (le tatatâââm devait vous aider).

D : Oh non ! C'étaient encore des yaourts !

E : Petit piège. Ce n'était pas la musique d'une publicité mais le générique de la sympathique émission *L'Ile aux enfants*.

F : Plus facile, parce que joué à la trompette : le célèbre succès mondial du petit train Nescafé (souvenez-vous, c'était avant la Jangada[2]).

Mettez-vous 2 points par bonne réponse sur les quatre premières questions et 10 points de bonus si vous avez trouvé la cinquième.

1. Ou des A.G.F., au fait ? (*Note de l'autre auteur.*)
2. Nous voulions dire, bien sûr, la lambada. Ceux qui ont sursauté s'enlèvent 2 points. Ceux qui se sont demandé ce que Jules Verne venait faire ici en perdent 30. C'est comme ça.

Votre capital stupidité à présent : ☐ points

Ceux qui n'ont pas compris que tous ces « tat taa » étaient de la musique s'ajoutent 10 points.

6 – Laquelle de ces stars n'a pas tourné dans une publicité ?

A	Vanessa Paradis	☐
B	Denise Grey	☐
C	Bernard Blier	☐
D	Bernard Tapie	☐
E	Patrick Sébastien	☐
F	Gérard Depardieu	☐
G	Jean-Marie Proslier	☐
H	Luciano Pavarotti	☐
I	La Mère Denis	☐

Corrigé

Il y avait deux réponses justes : la D et la G. En effet, tant Jean-Marie Proslier que Bernard Tapie ont tourné chacun non pas dans une, mais dans deux publicités. Proslier a joué pour une convention obsèques et un nettoyant ménager gallo-romain ; Tapie pour ses piles et pour l'introduction de ses actions en Bourse. A l'époque, il avait une grosse pile dans le dos et une pince à linge sur la bouche. Ça c'est arrangé depuis : maintenant qu'il est branché sur secteur, il ne ferme plus jamais la bouche.

Comptez-vous 5 points par réponse juste, ça valait bien ça. Mais en revanche, retirez-vous 10 points par réponse fausse.

Votre capital stupidité à présent : ☐ points

Par ailleurs, rappelons pour mémoire (afin qu'on n'oublie jamais) que la Mère Denis :

- n'a jamais fonctionné sur piles ;
- n'est pas cotée en Bourse ;
- ne chante pas d'opéra ;
- n'a jamais joué dans un film de plus de 45 secondes ;
- n'a jamais été la partenaire de Lino Ventura dans *Les Tontons flingueurs* ;
- ne tourne plus depuis que la droite est de nouveau au pouvoir, ce qui fera peut-être l'objet d'un Grand Dossier Secret Défense dans *L'Événement du Jeudi*.

Compréhension de film

Voici le résumé d'un film publicitaire de 30 secondes diffusé à la télé.

7 – Lisez-le soigneusement

Dans un donjon, un page du Moyen Âge se précipite sur une dame aux vastes jupes, dame qui elle-même défaille visiblement d'impatience, comme si elle avait un besoin urgent à satisfaire. Le page relève les jupes de la dame et se rue sur son bas-ventre comme un affamé. Il se trouve nez-à-nez avec une énorme culotte cadenassée en métal. La chose semble le contrarier. La dame lui adresse un geste de regret et d'impuissance. Le page alors a un cri déchirant : « Ah ! si tout le monde avait l'esprit aussi ouvert que MAAF Assurances ! ». Puis on peut lire sur l'écran : « MAFF Assurances, l'esprit d'ouverture ».

Votre capital stupidité à présent : [   ] points

8 – Dites ce qu'à votre avis il essayait de vous vendre

A	Des ouvertures (portes-fenêtres, serrures et autres produits d'huisseries)	☐
B	Un état d'esprit de franchise, de compréhension et de dialogue sans perfidie ni traîtrise	☐
C	La prochaine sortie en cassette vidéo de *Les visiteuses n'ont pas froid aux yeux*	☐
D	Des contrats d'assurances incendie, dégâts des eaux et responsabilités diverses, parce que ceinture de chasteté	☐

Corrigé

A rapporte 5 points, mais c'est par bonté d'âme. Vous n'allez pas chercher bien loin ce qui se trouve sous votre nez. B enlève 15 points, 30 si vous faites partie des assurances MAAF. C rapporte 3 points, pour effort d'ingéniosité. D enfin, rapporte 10 points, mais dites-nous comment vous avez réussi à conclure ça. Et si vous avez signé le contrat.

Votre capital stupidité à présent : ☐ points

CINQUIÈME PARTIE

Vous et les autres

La vie en groupe

« Les autres sont pavés de bonnes intentions. »
L'Enfer du Nord, Jean-Paul SARTRE

L'homme, si l'on en croit l'intellectuel grec Platon, est avant tout un animal social[1]. Cela signifie qu'il vit entouré d'**autres**. Aussi est-il essentiel de travailler votre comportement stupide vis-à-vis des autres. De cette façon, vous pourrez entretenir avec votre entourage quotidien ou occasionnel des rapports de saine complicité, voire de franche camaraderie. En tout cas, vous éviterez les embêtements.

Et en tout premier lieu, vous devrez apprendre à vous adapter, toujours et partout, à l'**ambiance**.

Qu'est-ce que l'ambiance ?

Attention, nous allons faire un peu de théorie. Ça va être compliqué et peut-être même chiant. Les lecteurs néanmoins prêts à lire ce paragraphe peuvent donc, d'ores et déjà, se retirer 15 points. Et ce coup-ci, ne venez pas dire que vous n'étiez pas prévenus.

1. Il y avait un piège dans cette citation, qui n'est pas de Platon mais de son élève Aristote. Ceux qui l'avaient remarqué se retirent évidemment 15 points. Il faut savoir assumer sa culture.

Votre capital stupidité à présent : [   ] points

N. B. : Les lecteurs qui, une fois prévenus, sont assez stupides pour continuer quand même leur lecture peuvent s'ajouter 10 points.

On appelle **stupidité de groupe** ou **ambiance** la quantité de stupidité dégagée par un groupe ou un ensemble de groupes à un moment donné de son existence. (Un peu comme la transpiration, mais avec déodorant[1].)

Rappelons qu'un groupe est constitué de trois à dix personnes. Moins, c'est trop peu ; plus, c'est excessif. Personne ne sait pourquoi, mais c'est comme ça. La masse formée par la réunion de plusieurs groupes s'appelle, selon le cas, une **manif** (lorsqu'elle bouge) ou une **soirée** (lorsqu'elle reste à se trémousser dans un local clos). Dans ce dernier cas, on pourra aussi parler de **boîte**.

On a constaté que certains groupes génèrent davantage de stupidité que d'autres, même dans un temps moins long. Des individus particulièrement stupides donnent rapidement d'excellents résultats. Mais on observe aussi que des groupes formés de personnes *a priori* moins douées (intellectuels, cadres d'entreprise, hommes politiques...) sont capables de produire en un temps raisonnable des quantités de stupidité absolument phénoménales, pour peu que le sujet et les conditions s'y prêtent[2]. Simplement, ils sont plus longs à se mettre en route.

1. Nartaaaa !!!!!!!! Ceux qui ont crié ça tout de suite gagnent 20 points, bien mérités. En effet, Nartaaaa !!!!!!!!, c'est un exemple parfait de la notion d'ambiance en entreprise : la bonne ambiance dans un bureau commence quand une secrétaire arrête de distribuer le courrier et montre son slip en virevoltant entre les bureaux tandis que les autres claquent des mains sur son passage, afin de justifier pleinement leur salaire tous ensemble.

2. Nous nous référons ici aux remarquables expériences du

Votre capital stupidité à présent : [ ] points

On constate également que le recours à certaines substances alcoolisées accélère la production de stupidité du groupe. Il en va d'ailleurs de même si le groupe est placé devant une télévision[1].

Enfin, on remarque expérimentalement que toute tentative de réflexion produit au sein d'un groupe un phénomène de rejet. C'est la fameuse expérience dite « d'Ayrton Senna et du restaurant d'entreprise[2] ». L'introduction d'un individu anormalement peu stupide dans un groupe en pleine production provoque ce qu'on appelle **un refroidissement de l'ambiance**.

Si l'on excepte ces quelques points, les règles de production de la stupidité de groupe restent mal connues. Elles sont pourtant étudiées depuis fort longtemps ; mais le fait que les psychologues se mettent en groupe pour discuter de leurs résultats semble nuire à l'efficacité des recherches.

Quoi qu'il en soit, retenez ceci : il est d'autant plus facile de s'intégrer à un groupe (de **se mettre dans l'ambiance**) que sa propre stupidité est plus élevée et que le groupe existe depuis plus longtemps. A l'inverse, tant que vous n'êtes pas assez stupide, vous ne pouvez pas participer à l'ambiance. Encore moins créer une bonne ambiance. Participer à l'ambiance n'est pas un acte réfléchi (dès qu'on réfléchit un peu, l'ambiance se gâte). Cela suppose tout un ensemble de réflexes. Heureusement, ces réflexes peuvent se développer, en par-

Pr Michel Polac sur la production de stupidité en ambiance télévisée ; ainsi qu'aux conclusions que nous ont communiquées différentes agences de publicité suite aux expériences dites « Présentations Clients ».

1. Allumée ou éteinte. Si elle est éteinte, il est constant que l'un des membres du groupe l'allume rapidement, et on est alors ramené à l'expérience précédente.

2. Souvenez-vous, c'était il y a 178 pages. (Déjà ! eh oui, comme le temps passe.)

Votre capital stupidité à présent : [ ] points

ticulier grâce à – devinez quoi – ce livre. Une fois achevé votre entraînement, vous ne devriez plus jamais rencontrer le moindre problème social.

Les relations personnelles

Généralités

Comment s'intégrer à un groupe ? La règle de base est assez simple (d'ailleurs, à ce stade, tout doit vous paraître de plus en plus simple) : avant de parler, **imprégnez-vous bien de l'esprit du groupe**. Pour cela, ne dites rien pendant les deux ou trois premières minutes qui suivent votre arrivée. Ecoutez les autres. Ensuite, laissez faire votre instinct : riez, indignez-vous ou apitoyez-vous, selon le sujet. Faites comme les autres : laissez-vous aller.

Si une grande fille en blanc se met soudain à virevolter parmi les bureaux en criant « Nartaaa !!!!! », vous l'avez compris, vous devez taper des mains en cadence. Ne prenez l'air ni ahuri, ni coincé. Ne commencez pas à chantonner « On voit sa culotte ». Tout au plus, vous pouvez confier à un ancien votre heureuse surprise d'être dans l'entreprise qui a permis de tourner ce film si célèbre, après au moins sept ans de réflexion. Renseignez-vous tout de même pour savoir si c'est la vraie, ou si c'est une imitatrice, même (attention aux impairs là-dessus) un imitateur.

Calquez votre attitude sur celle du groupe. Ne croyez pas qu'il y ait là la moindre dissimulation. Nous ne vous conseillerons jamais de faire semblant ! Ce qui arrive, c'est que votre taux de stupidité s'est déjà tellement accru que vous devez, par réflexe, trouver les mots et les comportements justes. Il vous suffit de ne **surtout pas chercher à réfléchir**.

Votre capital stupidité à présent : [ ] points

Dans un second temps, il vous faudra apprendre par cœur les formules suivantes, destinées à agrémenter votre conversation :

Formules positives (félicitations, récit amusant ou heureux...) :	**Formules négatives (regrets, témoignages de sympathie...) :**
• C'est incroyable !	• C'est incroyable !
• C'est formidable !	• C'est moche, quand même...
• J'aurais voulu voir ça !	• J'aurais pas voulu être à sa place !
• Y a de quoi faire un film !	• Y a de quoi prendre un flingue.
• Ça fait vraiment plaisir...	• Ça fiche vraiment les boules !
• Je suis si content pour toi (pour vous)	• Je sais pas quoi te (quoi vous) dire...
• Quelle chance, tout de même...	• Quelle malchance, tout de même...
• On le lirait, on n'y croirait pas...	• J'arrive pas à y croire !
• On est les meilleurs, ma poule !	• Ce que c'est que de nous !
• Sacré André (Paul, Marcel...), tu nous épateras toujours !	• Ce pauvre André (Paul, Marcel...), il en fera jamais d'autres !
• Ouoh ?	• Ouoh !

Votre capital stupidité à présent : [ ] points

Pensez à laisser filer de temps à autre l'une de ces formules dans le feu de la discussion. Agissez toujours d'instinct. Elles devraient suffire à vous assurer la réputation d'un être charmant, plein de tact, de compréhension et de repartie.

Pour vous entraîner :

Multipliez les relations de voisinage, les petites discussions en attendant l'ascenseur, les remarques dans les files d'attente... Tout cela est très formateur. Les relations de voisinage ne sont plus ce qu'elles étaient ; mais elles n'ont pas disparu. Elles ont simplement changé de circuit. Pensez, par exemple, à lier conversation avec ce monsieur que vous retrouvez tous les matins dans les embouteillages. A tout hasard, apprenez la Danse des canards, la Chenille qui redémarre ou le Petit Train. Si c'est déjà fait, perfectionnez votre style. Et n'oubliez pas : soyez positif et optimiste. Jamais d'agressivité, le moins de rancune ou de rancœur possible. Ce sont des signes de bêtise ou d'impatience d'intellectuel et, de toute façon, ce n'est pas ça qui fait avancer les choses.

Pour ceux qui souhaiteraient pousser l'entraînement encore plus loin (et qui sauraient encore à peu près lire), il est possible d'acquérir dans le commerce des recueils d'histoires drôles, belges de préférence. Nous conseillons particulièrement celles de Jean Roucas, idéales pour les repas de famille. Certains magazines télé en fournissent également, souvent d'un niveau de stupidité remarquable. Inconvénient : certains y sont abonnés comme vous.

Votre capital stupidité à présent : [   ] points

Le groupe en action

Une fois intégré à un groupe, il se peut que vous vous trouviez en situation de devoir **faire quelque chose en groupe** (décider d'un film à aller voir ou d'un restaurant où se rendre, choisir entre différentes propositions, travailler, etc.). Dans ce cas, la règle fondamentale est : ne jamais rien imposer à personne.

Toute décision de groupe doit se prendre à l'issue d'une longue maturation, pendant laquelle l'esprit du groupe s'impose graduellement à chacun de ses membres. Il est donc nécessaire et suffisant de ne rien forcer. Laissez le charme agir ; et soyez certain que la solution adoptée, quelle qu'elle soit, sera la plus stupide possible. C'est la magie du groupe. Il ne se trompe jamais.

C'est d'ailleurs pour cette raison que, par exemple, les émissions télévisées, les publicités ou les règlements administratifs ne reçoivent leur forme dernière qu'après de nombreuses réunions de travail. Conscients de leurs limites (ce ne sont après tout que des hommes...), les spécialistes chargés de les élaborer préfèrent travailler en groupe, se garantissant ainsi contre tout risque de non-stupidité. Les résultats obtenus démontrent sans réplique l'efficacité de la méthode. D'ailleurs, une étude récente sur les groupes l'a elle-même confirmé.

A titre d'illustration, nous vous proposons un petit exercice.

Vous allez lire ci-dessous six résumés de films. Commencez par choisir celui qui vous attire le plus. Puis faites lire les résumés à quelques amis et relations. Le jeu consiste à faire comme si vous deviez aller ensemble au cinéma, et à discuter entre vous pour

---

choisir parmi les titres proposés celui que vous irez voir **tous ensemble**. Les films proposés sont :

• **Tremblement de terre à Titanic Airport** : A Washington, un tueur psychopathe menace de faire sauter le siège d'une importante multinationale pétrolière, le jour même où des terroristes musulmans préparent un attentat à la bombe atomique contre le Premier ministre d'un Etat israélien en visite secrète à la Maison Blanche. Pendant ce temps, le vétérinaire du zoo découvre que le lion échappé le matin même dans les rues de la ville est atteint du Sida...

• **Les Bidasses au Cinq à Sec** : Directeur d'une école de mannequins en province, Edouard Machepot (Michel Galabru) a fort à faire avec ses jeunes élèves suédoises ; d'autant qu'un régiment s'est installé à proximité pour des grandes manœuvres et que l'énergique colonel Morloc (J-P. Marielle) n'est pas insensible aux charmes de Mme Machepot, alors que le sinistre promoteur Couffard (Bernard Blier) multiplie les combines pour racheter le pensionnat. Heureusement, nos amis les Charlots veillent...

• **Excavator 3** : Cliniquement mort à la suite d'un terrible accident, Roderick Grant a été transformé en une effroyable machine à tuer, un robot multipulsarisé d'une puissance de feu absolue. A la demande du gouvernement, le Dr Bertram l'envoie en Corée pour une mission humanitaire : détruire le cartel du piratage informatique.

• **A la poursuite du dragon d'émeraude** : En 1944 Jack et Bill, deux spécialistes des explosifs en mission commando dans les Philippines, se lancent à la poursuite d'un colonel japonais qui a dérobé dans un temple secret de la secte Clong une statuette de

---

Votre capital stupidité à présent : [ ] points

diamant d'une valeur inestimable. Attaqués par des sauvages coupeurs de tête, les deux hommes ne doivent leur salut qu'aux grenades lancées par Pearl, une jeune exploratrice dont la famille a été grièvement massacrée par les Japonais...

• **Balance pour un ripou** : Accusé à tort de bavure, le commissaire Javert est muté dans une banlieue minable. Assisté du jovial inspecteur Téna N'Dié, il s'attaque aux réseaux de drogue avec l'aide de Fantinaa, une jeune prostituée beur qu'il a sauvée d'un contrôle sanitaire. Très vite, Javert doit faire face à M. Madeleine, député-maire de la ville et propriétaire clandestin du « ShowMiz », un cabaret d'un genre très spécial...

• **Song of the mutes** : Après vingt-cinq ans d'un mariage sans histoire, Michaela et John décident de se séparer. Bobby, leur fils tachycardique, qui rêve de devenir organiste de concert, vit ce choc d'autant plus mal que la société informatique de son compagnon fait l'objet d'une O.P.A. hostile. L'arrivée de Katie, une jeune paraplégique schizophrène, va tout bouleverser.

C'est le film le plus stupide qui sera retenu. Si le film choisi par le groupe est bien celui que vous aviez vous-même sélectionné, vous avez gagné. Rajoutez-vous 10 points[1].

1. Bien entendu, il s'agit d'un exercice un peu théorique. Dans la réalité, après avoir raté la séance de 20 h à force de discussions, vous auriez finalement décidé, en passant devant l'affiche, d'aller voir tous ensemble *Les Aventures de Clito la baleine*, un joli film écologique racontant comment une gentille baleine blanche échappe à une multinationale de l'huile solaire grâce à un petit garçon américain et à une jeune professeur de sciences naturelles aveugle.

Votre capital stupidité à présent : [   ] points

Dans le cas contraire, c'est que vous n'êtes pas encore assez stupide pour pouvoir participer du premier coup à des décisions de groupe. Rappelez-vous alors de bien rester silencieux durant les trois ou quatre premières minutes de discussion, quel que soit le sujet abordé. Refaites cet exercice quand vous aurez fini ce livre : ça devrait aller mieux. Sinon, achetez un autre exemplaire et refaites tout l'entraînement depuis le début.

N. B. : Ceux qui n'ont pas compris comment faire l'exercice se rajoutent d'emblée 20 points. Ceux qui aimeraient avoir un ou plusieurs des films en cassette vidéo aussi.

Votre capital stupidité à présent : [   ] points

La vie familiale

L'ensemble de ce paragraphe a été censuré. Nous avons nous aussi des familles ; et on n'a pas très envie de se fâcher avec elles. C'est déjà bien assez compliqué comme ça à gérer, sans en plus que tel ou tel cousin ou tonton se sente insulté par ce que nous pourrions écrire. Message personnel : grosses bises à tous les copains de Panazol.

Votre capital stupidité à présent : [ ] points

La vie professionnelle

L'un des endroits les plus efficaces pour faire preuve de stupidité est votre lieu de travail. Même si vous n'avez pas la chance d'être fonctionnaire (si vous l'êtes, la phrase précédente ne vous a sans doute rien appris), vous pouvez exploiter la stupidité que vous avez déjà acquise grâce à ce livre, à la fois dans votre travail et dans vos relations avec vos collègues. Vous pourrez ainsi vous faire de nombreux amis et vous aménager un petit cocon de tranquillité douillette. Car rappelez-vous que, une fois parfaitement stupide, **tout sera fait pour vous**.

Quelques mots sur le recrutement

On pense généralement que la stupidité est un critère d'élimination à l'embauche. C'est une idée fausse. En fait, c'est une idée de gens intelligents. Ce n'est donc même pas une idée stupide. Elle est par conséquent inutilisable. C'est ce qu'on appelle une fausse bonne idée.

En fait, on n'hésite jamais à embaucher les gens stupides. Au contraire. Non seulement la stupidité ne handicape pas l'embauche, mais elle la favorise.

En effet, le responsable des Ressources humaines, chef de service ou autre directeur du personnel n'a rien

---

Votre capital stupidité à présent : [ ] points

à craindre des candidats stupides, et encore moins de ceux qui le sont plus que lui. Au contraire. En effet, il existe deux sortes de recruteurs, ayant chacun ses motivations et ses objectifs propres :

- celui qui recrute pour l'ensemble de la société (c'est par exemple le cas du directeur des Ressources humaines, ou D.R.H.). Dans ce cas, sa préoccupation première est d'embaucher quelqu'un qui ne risque pas de venir un jour l'embêter avec des astuces sur les conventions collectives, le droit du travail, les comités d'entreprise et autres complications. Le second souci du D.R.H. est d'embaucher quelqu'un qui s'entendra bien avec le personnel déjà en place, qui saura s'intégrer, bref qui **se mettra tout de suite dans l'ambiance.** L'avantage de la stupidité, dans ces conditions, est évident. Quant à savoir si l'embauché pourra ou non remplir sa fonction, ce n'est pas le problème du D.R.H. mais du chef de service ;
- celui qui recrute un collaborateur pour son propre département (c'est le cas du chef de service). Dans ce cas, le recruteur recherche quelqu'un qu'il puisse encadrer, c'est-à-dire qui ne risque pas de le dépasser (le mot le dit bien : dans les entreprises comme dans les livres de coloriage, rien n'est pire pour un **cadre** que d'être débordé, soit par son travail, soit surtout par un de ses collaborateurs). Il vaut mieux une personne à qui on doit tout répéter deux fois que quelqu'un qui risquerait, à terme, de faire les choses mieux que vous. Dans ces conditions, le recruteur ne redoute que l'intelligence. La stupidité le rend protecteur. Elle le rassure sur lui-même et sur l'entreprise ; elle le fait se sentir utile, serviable, efficace. Quant à savoir si l'embauché pourra ou non remplir sa fonction, ce n'est pas le problème du chef de service mais de celui qui devra, si nécessaire, gérer le licenciement : le D.R.H.

Votre capital stupidité à présent : [ ] points

On voit que le candidat stupide à l'embauche a vraiment toutes ses chances. Il en a plus que les candidats futés, rusés, ambitieux, retors, machiavéliques et réfléchis, qui ne peuvent être qu'une source de nuisances, de méfiance, de crainte pour la marche harmonieuse et l'ambiance de l'entreprise.

Donc, si vous n'avez pas d'emploi, soyez tranquille : ça va s'arranger. Lisez seulement ce livre jusqu'au bout en suivant bien tous les conseils qu'il donne, et votre prochain entretien devrait être triomphal. En prime, vous aurez économisé le prix de tous les ouvrages plus ou moins sérieux qui prétendent vous donner les mille et un trucs pour réussir un entretien d'embauche. Franchement, vous avez fait une sacrée bonne affaire !

N. B. : Normalement, toute cette démonstration, parfaitement logique et rigoureuse, a dû vous passer largement au-dessus de la tête. Ou alors, c'est que vous feuilletez ce livre dans le désordre. Si ce n'est pas le cas, méfiance ! Vous devriez reprendre quelques exercices.

Le travail de bureau

Bien que personne n'ose jamais l'avouer, la stupidité est considérée comme le meilleur moyen d'éviter les dangers du travail. Surtout dans les circonstances actuelles.

Actuellement, l'accident du travail le plus répandu est le **licenciement**.

La cause du licenciement peut se situer à l'échelle individuelle : c'est la **faute professionnelle**. Un tel terme semblerait vouloir dire qu'on peut être puni pour avoir mal fait son travail. Mais tranquillisez-vous : cela n'avait de sens qu'avant que la stupidité ne règne par-

---

Votre capital stupidité à présent : [   ] points

tout. Cette cause d'accident est désormais de moins en moins fréquente, faute de temps. En effet, la cause actuellement la plus fréquente de licenciement est le licenciement à l'échelle collective, dit licenciement économique – pour cause de gestion stupide. Et cela, aucun stupide n'y peut individuellement rien. La cadence des licenciements de masse s'accélère à tel point que le patron qui cherche encore qui a mal fait son boulot perd un temps précieux, qu'il emploierait mieux à partir à l'étranger avant que l'Etat ne le rattrape pour abus de biens sociaux.

Vouloir éviter la faute professionnelle, c'est croire encore en l'intelligence. La faute la plus répandue des gens qui croient en l'intelligence est de se tuer au travail bien fait. Ils empoisonnent ainsi la vie de tout le monde, sans vrai résultat appréciable.

En réalité, pour faire durer un emploi, il faut faire durer non pas le travail, mais l'**activité**. Il faut toujours être en train de faire quelque chose. Là encore, le stupide est particulièrement bien outillé, lui qui a besoin de deux ou trois fois plus de temps que les autres pour exécuter une action.

Mais attention : il ne faudrait pas, par incompétence ou par négligence, se mettre en travers des objectifs de la société ! Et qui cherche à savoir ce qu'ils sont fera **nécessairement** une faute un jour ou l'autre[1]. L'objectif de tout travailleur organisé doit donc être de remplir au mieux son temps par des actes prenants, mais **dont la plus ou moins bonne exécution sera sans aucune incidence sur la marche de l'entreprise qui l'emploie**. Il faut appliquer toute son énergie à faire durer des tâches aussi inutiles qu'inoffensives. Et ça, c'est vraiment un comportement stupide. Seule la stupidité per-

1. Pour une fois, *même des études anciennes* l'ont prouvé.

Votre capital stupidité à présent : [ ] points

met de toucher son salaire en ne faisant que des choses inoffensives. Ceux qui ne supportent pas de faire toute la journée ce genre de choses ne sont pas faits pour le travail. Méfiez-vous-en[1].

Un bon exemple de comportement professionnel stupide vous sera fourni par les personnes travaillant à la R.A.T.P. ou à la Poste. La prochaine fois que vous ferez la queue, observez-les bien à travers la vitre. C'est très instructif. Notez la façon dont les trois employés qui ne font rien regardent le quatrième, seul à son guichet devant trente personnes rangées en file. Admirez la façon dont ces trois-là plaisantent entre eux, gomment une feuille de papier ou reportent des chiffres d'un carnet sur un cahier, puis d'un cahier sur un bordereau... Ensuite, une fois dans votre propre bureau, essayez de faire la même chose. Le fin du fin : y arriver tout seul, sans les trois autres.

La règle de base de l'activité ainsi définie est l'**atomisation du travail**. Il s'agit de diviser le travail en autant de parties microscopiques que possible, afin de faire naître de l'activité à partir de chaque acte requis par son activité.

Ça a l'air compliqué, dit comme ça, mais en fait c'est très facile. Le modèle est le pilage du mil au Mali[2], de préférence avec un chant psalmodié.

1. Méfiez-vous du travail en général, et de ceux qui l'abordent ainsi en particulier. A partir d'un certain niveau hiérarchique, les cadres d'entreprise utilisent plutôt leur énergie à se battre les uns contre les autres et à se tendre des pièges. C'est une autre forme d'activité improductive, mais l'agressivité qu'elle exige l'apparente davantage à la bêtise qu'à la bonne stupidité. Et puis il y a des risques, que personne de soigneusement stupide ne prendrait.

2. Au Mali, ou n'importe où ailleurs dans des endroits dont les habitants pilent le mil. Mais nous n'avons pas la prétention d'être exostifs.

Votre capital stupidité à présent : [   ] points

Par exemple : pour traiter une affaire [1], il faut mettre tous les papiers dans un dossier ; pour avoir un dossier, il faut aller le chercher dans l'armoire à fournitures ; sur le chemin de l'armoire, il y a la machine à café ; entre la machine à café et votre bureau, il y a le bureau de Dubois [2] ; avec Dubois, on peut toujours discuter une quinzaine de minutes en prenant un café. Recommencez avec chaque détail : pour écrire le nom du dossier sur la chemise, il faut un crayon ; pour le crayon, il faut un taille-crayon ; pour avoir un taille-crayon, parce qu'on a égaré le sien, il faut aller dans le bureau de Dubois ; sur le chemin du bureau de Dubois, il y a la machine à café, etc.

Vous voyez que c'est assez simple. Avec ce procédé, le moindre dossier, la moindre feuille de papier blanc, peut vous faire des semaines. La réception et la lecture du courrier, à elles seules, peuvent durer toute la matinée, avec l'avantage de se répéter tous les jours. Quand vous aurez pilonné le travail jusqu'à ce qu'il n'en reste qu'une fine poussière, il sera insaisissable : le moindre éternuement le dispersera aux quatre coins de l'entreprise. Apprenez à éternuer fréquemment. Prenez modèle sur les employés municipaux : ils sont toujours enrhumés. Vous savez désormais pourquoi. C'est une preuve de leur compétence.

1. Une affaire : entendez un dossier, un de ces papiers qui traînent sur votre bureau, la vente d'un carnet de tickets, etc. Nous voulions dire : un bout de travail.

2. On dit Dubois, mais c'est un exemple. Ne vous laissez pas déconcerter si votre collègue ne s'appelle pas Dubois. Bon, si vous voulez, au besoin, barrez le nom de Dubois proprement et mettez en marge le nom de votre collègue de bureau. Ça va comme ça ?

Et que ceux qui s'appellent Dubois et ont peur de ce geste, ou de tout le paragraphe, s'arrêtent de pleurer. Tenez, prenez 4 points. Ça va mieux comme ça ?

Votre capital stupidité à présent : ☐ points

La difficulté naît lorsqu'il n'y a plus assez de tâches inutiles pour tout le monde. Cette pénurie est source de jalousie, de conflits internes et, donc, de mauvaise ambiance. Heureusement, le stupide trouve d'instinct le comportement adapté : il ajoute de la stupidité à celle déjà existante. Comment ? En proposant des réunions de groupe.

Le principe consiste à isoler un problème pouvant concerner plusieurs personnes, voire plusieurs services. Ce peut être absolument n'importe quel sujet, puisque de toute façon il sera très vite oublié au profit de la dynamique interne de la réunion. L'avantage de la réunion est de produire de toute façon des décisions stupides. Conformément à ce que nous avons vu plus haut, la stupidité collective est beaucoup plus réussie que l'individuelle. Elle a pour ingrédients :

- le fait d'être nombreux, chacun prenant le temps d'exposer son point de vue et la façon dont il envisage les choses ;
- le fait que chaque stupide a ses raisons personnelles et ses objectifs avoués ou inavoués ;
- le fait que les stupides parlent volontiers aux autres pour « échanger des idées ». De ce fait, en dépit de toute leur bonne volonté, et même grâce à elle, ils fabriquent en échangeant leurs stupidités une stupidité commune, totale, qui dépasse leurs propres capacités isolées, et qui va beaucoup plus loin, parce qu'elle marche toute seule.

Des réunions d'échanges d'idées stupides sont d'ailleurs depuis longtemps organisées par sécurité, pour que l'on soit sûr que rien de sensé, d'intelligent, de cohérent ne reste debout. L'aboutissement du système est de répandre dans tous les services assez de stupidité partagée pour que plus personne ne puisse faire de

---

Votre capital stupidité à présent : [ ] points

travail réel, donc de faute. C'est simple : il suffisait de ne pas y penser.

En ce qui concerne votre problème (si vraiment vous en aviez un à résoudre), multipliez les réunions, à l'issue desquelles vous choisirez toujours une solution déjà éprouvée, reconnue et reconnaissable par tous. Une telle solution aura déjà fait ses preuves d'inefficacité. Elle sera donc rassurante. Seul inconvénient : comme tout le monde la connaît, elle n'ajoutera pas de stupidité nouvelle.

Aussi, dans les cas graves, choisissez au contraire une solution inconnue de tous (attention, c'est plus difficile et plus fatigant à gérer). Il se peut d'ailleurs que cette solution soit proposée par le groupe. C'est pour vous la situation idéale, puisque votre propre responsabilité sera couverte tandis que vous aurez la garantie d'une stupidité optimale. Autre avantage immense de la solution inhabituelle : vous allez semer le désarroi et multiplier l'attente dans tous les services du haut en bas. Vous créerez donc de multiples occasions de tâches inutiles nouvelles, pour la plus grande satisfaction de vos collègues. Vous serez donc **populaire**, ce qui est essentiel dans la vie de bureau.

De temps en temps, consolidez cette popularité en criant : « Nartaaa !!!! »

La convivialité d'entreprise

Hormis les activités décrites ci-dessus, la vie en entreprise permet d'organiser ou de participer à des pots.

Les pots d'arrivée, les pots d'anniversaire, les pots de fiançailles, les pots de mariage, les pots de naissance, les pots de divorce et les pots de départ suivent

---

Votre capital stupidité à présent : [ ] points

tous le même schéma. On se réunit entre collègues, on félicite l'organisateur, on lui demande de commenter l'événement (suivant le cas : nom de l'élue, date prévue pour la célébration, taille et poids du bébé joints aux détails éventuels de l'accouchement, intentions futures maintenant qu'il est enfin libre), on lui offre le cadeau (boîte de préservatifs, pyjama taille 6 mois ou Stepper dernier modèle), on boit à sa santé, on dit du mal des absents et on raconte des histoires belges. Pendant ce temps, l'ambiance n'en finit pas de monter.

Pour participer à de telles réunions dans des conditions optimales de stupidité, vous n'avez qu'à vous reporter au chapitre précédent, concernant justement l'ambiance. Tout y est applicable, depuis l'observation de ce qui se fait et se dit jusqu'à l'emploi bienvenu des plaisanteries de Jean Roucas.

Si vous êtes vraiment doué, ou si vous avez suivi les conseils de ce livre avec application, vous pourrez même devenir l'un des leaders naturels du groupe. Rien de sorcier là-dedans : il vous suffira de vous laisser aller et de dire et faire spontanément ce qui vous paraîtra le plus pertinent. Vous serez un catalyseur d'ambiance (le terme technique exact est « boute-en-train [1] »).

Si vous en êtes là, n'hésitez pas à entonner des refrains grivois, à vous coiffer de la corbeille à papiers ou à mimer la Danse des canards sur la table de la salle de réunion : tout le monde trouvera ça très amusant et vous en saura gré. Certains même vous imiteront. Vous y gagnerez encore plein d'amis.

Aussi, soyez prévoyant : ayez toujours sur vous, ou dans le tiroir de votre bureau, une petite trompette ou

1. Ce mot compliqué s'explique simplement : le boute-en-train est celui qui est toujours au bout (au début) du petit train dans « La chenille qui démarre ».

Votre capital stupidité à présent : [ ] points

un mirliton. Ça vous évitera d'être pris de court en cas de pot impromptu. Songez aussi à rafraîchir régulièrement votre stock d'histoires drôles (rappelons que vous en trouverez dans votre magazine télé). Entraînez-vous à imiter Dugenou, le comptable du troisième, qui est si bête quand il raconte avec des larmes dans les yeux sa dernière soirée à l'Opéra et que tout le monde rigole dans son dos. Pensez également à faire provision de grands sujets capables d'alimenter la conversation : Ayrton Senna, le dernier disque de Vanessa, les malheurs de l'O.M. ou le prochain modèle de chez Renault... Dites-vous bien qu'à partir d'un certain niveau, la stupidité confère des responsabilités, et que vos collègues comptent sur vous. Mais ne vous inquiétez pas non plus outre mesure : tout cela vous viendra naturellement.

En tant que responsable naturel du groupe, vous aurez aussi à stopper les longs discours. La bonne stupidité a horreur des longs discours : il faut les écouter et pendant ce temps aucun autre stupide ne peut dire n'importe quoi, ce qui est antiproductif pour l'ambiance.

L'exemple type est le pot de départ ou d'arrivée d'un collègue (d'arrivée, c'est encore mieux : il faut apprendre tout de suite au nouveau les traditions de la maison). C'est toujours là que quelqu'un se sent obligé d'embêter tout le monde et de faire tomber l'ambiance en faisant un baratin sur un sujet sérieux. Encore pire : c'est parfois l'organisateur du pot lui-même.

A vous de réagir. Si l'organisateur se met à faire l'intéressant plus d'une minute, faites-le-lui immédiatement remarquer. Mais toujours dans la bonne humeur. Pas de « Eh, oh, eh ! » brutal avec un geste des doigts figurant un bec alternativement ouvert et

---

Votre capital stupidité à présent : [   ] points

fermé. Ce serait grossier et sommaire. Non. Faites plutôt comme le présentateur de la télé ou de la radio.

Le présentateur a le droit d'être au micro parce qu'il sait régler en permanence la température de l'ambiance de l'émission, ni trop chaude, ni trop froide. Il fait comme le thermostat de votre four. Au micro, il maintient une douce chaleur égale de stupidité pour assurer la température idéale de l'émission et son passage sur les ondes[1]. Faites comme lui, au besoin avec ses mots : « Mais nous n'allons pas ennuyer les spectateurs avec les détails de la fusion froide » ou, plus poli encore : « Le temps nous manque, hélas, pour approfondir ce sujet passionnant... »

N'hésitez pas à employer ces expressions. Même au bureau, elles sont connues de tous. Tout le monde les comprendra et admirera votre culture comme votre à-propos. Dès que Dubois accapare la conversation plus d'une minute, intervenez. Dites : « Je crois que nous allons devoir rendre l'antenne... » Ou plus simplement : « Tout à fait, Thierry ! »

1. C'est pourquoi les fours modernes, dits justement « micro-ondes », ressemblent à des télés.

Votre capital stupidité à présent : [   ] points

Tests de vie conviviale

1 – Quand vous dites : « Vous nous amenez le beau temps », vous pensez...

A	A rien	☐
B	Vous auriez pu amener un gâteau	☐
C	Vous auriez dû téléphoner avant	☐
D	Noël au balcon, Pâques aux tisons	☐

Corrigé

La meilleure réponse est la A, même lorsqu'il pleut. Elle vaut 4 points par beau temps, et 3 autrement. Les autres réponses vous retirent 3 points, sauf la dernière, qui en rapporte 2, si vous ne faites que la penser, et 6 si vous la dites tout de suite après.

Votre capital stupidité à présent : ☐ points

2 – **Quand vous dites : « Attention, ça repousse pas », vous voulez dire :**

A	Vous avez laissé tomber 10 F	☐
B	Rien, ça vous est venu comme ça	☐
C	Je ne voudrais pas qu'on pense que je feins de n'avoir rien vu pour ramasser l'argent à la fermeture	☐
D	Ce qu'il faut dire pour avoir l'air chic et drôle dans ces cas-là	☐

Corrigé

D : + 4. B : + 5. C et A : – 2. Et dépêchez-vous de rajouter ces points à votre total, ça repousse pas.

3 – **On vient de montrer le suicide collectif d'une secte à la télé hier soir, à la suite d'une intervention gouvernementale. Le dialogue s'amorce chez le boucher.**

3a – Votre attitude :

A	Vous partez. Chacun ses opinions, tout le monde est libre de penser ce qu'il veut, on est en démocratie	☐
B	Vous écoutez tous les avis sans donner le vôtre, juste pour écouter le bruit des paroles	☐
C	Vous cherchez à imposer votre avis, parce que vous n'êtes pas plus bête qu'un autre	☐
D	Vous essayez de proposer le prospectus de votre secte	☐

Votre capital stupidité à présent : ☐ points

Corrigé

A : + 1 point. B : + 3. C : + 4. D : + 5. Et nous n'avons pas d'avis supplémentaire à donner. Chacun est libre.

3b – Vos motifs. Si vous ne participez pas, c'est que vous pensez que :

A	Les conneries ça va bien un moment, mais vous êtes servi(e), c'est pas tout ça, vous êtes en retard pour préparer le dîner	☐
B	C'est une mode qui passera comme les autres	☐
C	En parler chez le boucher avant le repas, c'est une foutue idée	☐
D	Vous n'avez pas encore lu ce qu'il faut en penser, et vous avez peur de dire une sottise	☐

Corrigé

A et C manquent d'accueil intellectuel : – 3 points. B et D sont trop timides : – 2. En fait, pour gagner des points dans ce test, il aurait fallu ne pas y participer. Si vous aviez su ! eh oui, bien sûr. Il y a des jours où on se laisse avoir stupidement.

3c – Votre opinion au fond de vous-même :

A	Et si c'est leur truc, à eux, de faire des conneries ?	☐
B	Se faire brûler vifs, c'est tout de même des mœurs de sauvages	☐
C	On nous cache la vérité	☐
D	On ne devrait pas nous montrer ça quand on mange, c'est dégoûtant	☐

Votre capital stupidité à présent : ☐ points

Corrigé

Là, toutes les réponses rapportent 1 point. Sinon vous allez bouder.

4 – Au bureau, vous sentez que l'ambiance est morne. Votre réaction :

A	Vous organisez une course en sac avec les corbeilles à papiers	☐
B	Vous téléphonez au bar pour faire monter de la bière	☐
C	Vous ne faites rien. Vous avez pas que ça à foutre	☐
D	Vous vous levez d'un bond, en virevoltant dans votre jupette blanche pour montrer votre slip, et vous vous écriez « Nartaaaa !! »	☐

Corrigé

Là aussi, toutes les réponses rapportent 1 point. Pourquoi ? Parce que dans tous les cas, vous avez senti que l'ambiance était morne. Même si vous avez répondu C, ce qui est stupide aussi. Bravo.

Ah, tout de même : D rapporte 2 points si vous êtes un homme. Faut être juste.

Votre capital stupidité à présent : ☐ points

SIXIÈME PARTIE

Grands thèmes du monde contemporain

Le sport

« Vive le sport, qui rend les âmes fières !
Vive le sport, qui rend les cœurs joyeux ! »
L'année dernière à Nuremberg, Leni RIEFENSTAHL

La stupidité, on l'a vu, mène à la gentillesse et à l'ouverture d'esprit. Elle développe la serviabilité, l'esprit de coopération et d'initiative. Elle convient donc particulièrement bien au sport, qui est une école de la générosité, de la fraternité, et de l'amitié universelle.

Il y aurait donc une infinité de choses à dire sur le sport, la stupidité et leurs rapports réciproques. Rien que sur les sports à base de ballons, on pourrait écrire trois livres comme celui-ci. Mais ce n'est pas le sujet [1]. Nous serons donc obligés de nous limiter. Les lecteurs qui souhaiteraient en savoir davantage pourront se reporter à une lecture quotidienne de *L'Equipe* ou, mieux encore, à la cassette vidéo intitulée *Mes plus belles interviews*, par Eric Cantona.

1. Sans même parler de l'*Inside stepping* ou Stepping *d'appartement*, sport d'introduction récente qui nous paraît promis à un grand avenir de stupidité citadine.

Votre capital stupidité à présent : [ ] points

Généralités

Le sport est l'école par excellence de l'effort, de la joie de vivre et de la discipline librement consentie[1]. L'ennui, c'est que les sports n'ont pas que de bons côtés. Il est fréquent que les jeux qu'on a inventés pour favoriser les sports comportent une **règle**. Or, une règle doit être non seulement respectée, mais encore comprise. Cela complique tout. Le stupide est assez serviable pour respecter les règles du jeu, mais il est plus difficile de lui demander de les comprendre. Le rugby, par exemple, comporte des règles si compliquées qu'il perd tout l'intérêt qui lui vient du catch.

Il en est ainsi de nombreux sports : il y a toujours un intellectuel plus ou moins souffreteux qui vient entre les joueurs qui se cognent gaiement sans penser à mal, pour dire ce qui est de jeu, et ce qui n'est pas de jeu. On l'appelle fréquemment l'**arbitre**. Il est normal qu'il prenne souvent des coups. Même dans les sports à base de coups.

Règles de base

La règle stupide commune à tous les sports est double :

a) se faire suer ;

b) le faire pour rien.

Pour les vrais sportifs, ceux qui aiment ça, c'est ça qui est bon. Interrogez n'importe quel jogger dans la rue, il vous le dira. Enfin, s'il accepte de s'arrêter... Ou plutôt, allez donc chez lui interroger un stepper (pas

1. Sans oublier, comme le rappelait un peu plus haut mon confrère, la générosité, la fraternité et l'amitié universelle. (*Note de l'autre auteur.*)

Votre capital stupidité à présent : [ ] points

l'appareil, celui qui est monté dessus). Celui-là, au moins, il ne risquera pas de vous semer.

La première règle, faire suer, montre que le travail peut être aussi un sport, ainsi d'ailleurs que tout ce qui demande un effort, d'une façon générale. C'est pourquoi, à propos d'une activité difficile, on dit parfois : « Ça, c'est du sport. » Le travail, en particulier, fait suer lui aussi. C'est pourquoi on entend souvent des travailleurs dire : « Pour vendre ça, il va y avoir du sport ! » Mais le travail est rétribué. C'est toute la différence. Si un travailleur n'est pas rétribué, on dit justement qu'il agit « pour le sport ».

C'est ce qu'il y a de plus beau dans le sport : l'amateurisme. On appelle **amateurisme** le fait de se dépenser pour rien. Tous les vrais sportifs font ça. Dans tous les pays. Le comble de l'esprit d'amateurisme est l'olympisme. Le comble de l'esprit olympique est le sponsoring.

Et la stupidité dans tout cela ? Eh bien, la stupidité est au amateurisme – un éternel amateurisme. La preuve : il n'existe pas de stupides professionnels.

Mais si le sport développe la stupidité et qu'il n'y a pas de stupide professionnel, qu'est-ce alors qu'un professionnel du sport ? Ceux qui ont posé cette question se retranchent 10 points. Ils ont essayé de réfléchir.

Répondons néanmoins. Un professionnel du sport est quelqu'un qui touche de l'argent pour tout, sauf pour le sport[1]. A la limite, il peut même toucher de l'argent pour **jouer mal exprès**, voire pour ne pas jouer du tout. Il n'y a donc pas de mauvais procès à lui faire

1. Boire des jus de fruits, s'habiller avec des noms de marques, faire des disques, se marier sur la couverture d'un magazine, se raser avec un bidule en plastique, changer ses freins chez Midas, etc. (liste non exhaustive).

Votre capital stupidité à présent : [ ] points

s'il enterre de l'argent dans son jardin avant un match : cela n'enlèvera rien à sa façon de suer devant tout le monde pour rien, c'est-à-dire au sport.

L'idéal sportif

La règle stupide du sport est de faire quelque chose pour rien. L'idéal de réalisation est alors de participer au sport pour le sport. Comment ? En véritable amateur, c'est-à-dire en poussant le rien à sa limite : en ne faisant rien soi-même. Le vrai sportif, celui qui va jusqu'au bout du sport, c'est celui qui reste à regarder suer les autres. Comme au boulot. Avec une canette de bière. Pleine (pour la boire) ou vide (pour la lancer).

D'ailleurs, tous les supporters vous le diront : il n'y a rien de plus éprouvant que d'assister à un match. On se fait vraiment suer. Et on n'y gagne rien. C'est vraiment du sport.

Non seulement on n'y gagne rien, mais en plus ça coûte. Car l'inconvénient, c'est que la plupart des sports pratiqués ainsi de façon absolument sportive, pour rien, sont payants.

Pour être assuré d'aller au bout du sport, c'est-à-dire de l'acte gratuit, on devra donc essayer d'entrer dans les stades sportivement : sans payer. Le comble de l'esprit sportif sportif sportif est le hooliganisme : un hooligan est un sportif absolument amateur. Il ignore même les règles des jeux qu'il va voir jouer. Son prétexte, c'est qu'il y participe.

Votre capital stupidité à présent : [ ] points

Votre entraînement

Résumons-nous. Pour développer sportivement votre stupidité, vous devrez pratiquer le sport absolu aussi fréquemment que possible. Commencez par la télé (ça, vous savez déjà faire). Organisez des soirées télé chez vous, pour regarder des matchs (foot, rugby, hockey sur gazon, Des chiffres et des lettres...). Vous pourrez ainsi pratiquer à la fois les exercices de stupidité concernant la télé et ceux concernant les groupes[1]. Nous vous conseillons particulièrement les mois les plus chauds, permettant de se faire suer de façon optimale et propices à la contemplation du tournoi de tennis de Roland-Garros (mai), des diverses coupes de football (juin), du Tour de France cycliste (juillet) et du tournoi européen de rugby dit « des Cinq Nations[2] » (août-septembre).

Dans un second temps, affiliez-vous à un club de supporters. De n'importe quel sport (évitez quand même les échecs et la belote coinchée). Prenez-en un pas trop loin de chez vous : l'assiduité est une condition essentielle de la réussite. D'ailleurs, pendant que vous y êtes, inscrivez-vous carrément à celui de l'équipe de votre ville ou village. Il y en a certainement un, c'est pas possible autrement. Ça vous permettra d'être dans l'ambiance à coup sûr avec vos collègues de bureau et vos voisins d'immeuble.

Achetez tous les objets rituels du club : T-shirt, écharpe, casquette, autocollant de voiture, porte-clés, sous-bocks, jeu de cartes, poster géant de l'équipe et

1. C'est pourquoi ce chapitre vient maintenant, après les deux autres. Ce livre est vraiment très bien fait.

2. Parce que trois pays y participent. En réalité, il y avait un piège : le tournoi des Cinq Nations se déroule traditionnellement de janvier à mars. Ceux qui le savaient se rajoutent 10 points.

Votre capital stupidité à présent : [ ] points

petite trompette pour les moments de gloire au cours des matchs.

Bien entendu, participez à toutes les rencontres. Apprenez par cœur l'hymne de l'équipe en écoutant tous les soirs le C.D. réalisé à l'occasion de l'accession en 34e de finale de la coupe départementale. Récupérez un vieux drap pour en faire une banderole. Mieux encore, sacrifiez-en un neuf. A tout hasard, essayez de vous procurer une ou deux grenades fumigènes. Et en tout cas, ne jetez pas vos vieilles bouteilles en verre : elles sont un élément essentiel de l'ambiance dans les tribunes.

Parallèlement, cultivez votre air le plus stupide et surtout votre fameux sourire. Préparez un maquillage facial aux couleurs du club : une fois appliqué, il doit vous donner l'air d'un drapeau qui aurait des yeux et une bouche. Avec cette tête, et pour peu que l'ambiance dans le stade devienne vraiment très chaude (de trois à cinq morts), vous aurez de grandes chances de passer à la télé.

Conseil essentiel : la tenue

Plus que dans tout autre domaine, l'habit est essentiel. On reconnaît le sportif à sa tenue.

Attention : ne confondez pas **tenue sport** et tenue **de** sport. La tenue sport peut employer tous les matériaux et tous les styles (le daim, le cashmere, le style anglais, yachtman, golf, polo, Témoin de Jéhovah, etc.).

La tenue de sport est tout autre chose : elle privilégie le Lycra, et son style se résume très simplement : décontraction sans façon. En gros [1], il faut avoir l'air d'être en pyjama.

Quel que soit votre sport, vous serez de ceux dont

1. Surtout en gros, au-dessus de 90 kg et 130 de tour d'abdomen.

Votre capital stupidité à présent : ☐ points

on dit : « C'est un sportif », si vous faites tout en pyjama, de la course au supermarché à la course de jogging vers le cocktail.

La version sportive du pyjama est le survêtement, qui est un pyjama absorbant la sueur sportive. Il est la base de tout sport.

Cela dit, il y a des accessoires propres à chaque sport. Jambières, casques, bracelets d'éponge pour poignets, crosses, grilles protège-dents, gants géants, crampons à chaussures, bandeau de tête, casques cuirasses, palmes, pagaies, bouées, etc. L'idéal : faites un mélange. Nous conseillons, évidemment le survêtement, tout à fait obligatoire. Vous y ajouterez avec fruit :

- un couvre-chef. Le choix est immense. mais le plus beau récemment est la coiffe du cycliste, sorte de demi-pastèque en plastique, plutôt pointue vers l'arrière. Elle va avec tout, sauf avec le crâne, quelle que soit sa forme : on dirait qu'il a été posé dessus sans s'emboîter. C'est son chic ;
- des pompes. Les pompes sont ce que les sportifs mettent aux pieds, là où les autres mettent des pantoufles ou des chaussures. On les appelle pompes parce qu'elles gonflent. La pompe de sport gonfle pour que le pied ne gonfle pas. Pour cela, elles sont dotées de dispositifs oléopneumatiques de suspension, d'aération de la semelle, de systèmes sophistiqués d'ajustage par air compressé (par le pied), d'indicateurs de poussée, de vérins sous-compensateurs d'assiette et autres Nouvelles Fonctions Intégrées.

Ces dispositifs quadruplent le volume des pompes par rapport à celui des chaussures. Ils transforment n'importe quel pied en une chose qui ressemble à la rencontre avec un train d'atterrissage de navette spatiale et des pneus de formule 1, mais blancs, avec des bandes, des contre-coutures et des rayures.

Panachez de quelques accessoires (lunettes de sport,

Votre capital stupidité à présent : [ ] points

jambières d'aérobic, serviette-éponge autour du cou, haltères à laisser négligemment dépasser de la poche, etc.). Vous avez l'embarras du choix. Nous n'avons pas voulu être exostifs.

Quelques tests sportifs comme ça pour la gloire

1 – Quand vous entendez : « Le lancement du disque de Stéphanie, ça c'était du sport ! », vous comprenez :

A	L'athlète Stéphanie a fait un formidable lancer de disque	☐
B	Des techniciens de studio se lamentent sur leur travail	☐
C	Michel Drucker parle de ses loisirs	☐
D	Des imprésarios princiers se félicitent de leur travail	☐
E	Stéphanie va chanter pour la clôture des prochains jeux de Sarajevo au profit de Contre le sida	☐

Corrigé

- Ceux qui ont répondu A ne marquent aucun point : ils sont studieux mais manquent trop de bases sur les grands sujets.
- Ceux qui ont répondu C aussi : ce n'étaient pas les **loisirs** de Michel Drucker mais son **travail**. Il était payé pour lancer ce disque. Ce n'était donc **pas** du sport. Relisez le chapitre et allez faire un tour.
- Ceux qui ont répondu B ou D marquent 2 points.
- Ceux qui ont répondu E sans tricher marquent

Votre capital stupidité à présent : ☐ points

20 points pour leur étonnante stupidité, jointe à une remarquable appréhension des tendances de fond de l'époque contemporaine, ce qui les classe en tête de poule.

- Ceux qui ont répondu E par hasard marquent tout de même 10 points. La chance aussi, ça se récompense. Et l'important est de participer.

2 – Cherchez l'intrus :

A	Carl Lewis	☐
A	Maître Capelo	☐
A	Martina Navratilova	☐
A	Pelé	☐
A	Ayrton Senna	☐
A	Bernard Tapie	☐
A	Roger Couderc	☐
A	Winston Churchill	☐
A	Dingo et Donald aux jeux Olympiques	☐
A	Leni Riefenstahl	☐
A	Tout à fait, Thierry	☐
A	Sean Connery	☐
A	Raimu	☐
A	François Mitterrand	☐

Corrigé

Ce test était un petit piège : il **n'y a pas** d'intrus (soyez sport, reconnaissez que la lettre A était là, dans tous les starting-blocks, pour vous aider). En fait, **tous**

Votre capital stupidité à présent : ☐ points

les éléments du test ont quelque chose à voir avec le sport. Ce qui fait que, quoi que vous ayez coché, vous pouvez vous rajouter 10 points. Et ce, autant de fois que vous avez coché de cases.

Pour les curieux qui n'ont pas compris tous les rapports de chaque sujet au sport, nous donnons ci-dessous le corrigé :

N. B. : Votre désir d'apprendre vous enlève 5 points, mais il est si stupide qu'il vous en rapporte 15. Donc rajoutez 10 points aussi (ceux qui n'ont pas compris l'opération rajoutent 2 points).

- Carl Lewis fait de la publicité pour **des chaussures de sport**.
- Maître Capelo est un célèbre **arbitre de sport** cérébral du XIXe siècle.
- Martina Navratilova est la marraine des jeux gays, c'est-à-dire des homos et plurisexuels de tout poil **sportifs**.
- Pelé est un Brésilien dont les deux pieds ont **fait du sport**.
- Ayrton Senna, lui aussi Brésilien, a été immolé à la plus grande **gloire du sport** (même qu'il était marié, souvenez-vous, c'était page 9).
- Bernard Tapie s'occupe, entre autres domaines où son amateurisme fait merveille, de **sport de voile**.
- Roger Couderc, ceux qui l'ont bien connu vous diront qu'il **parlait souvent de sport**.
- Winston Churchill a été l'un des organisateurs d'une immense **rencontre sportive internationale** entre 1939 et 1945, rencontre qui a malheureusement fait plusieurs millions de victimes, bien avant le Heysel et Furiani, par suite de l'effondrement des gradins des stades et aussi des maisons avoisinantes, dans les deux camps. Lui-même pratiquait assidûment l'**aérobic des doigts**, en les écar-

---

Votre capital stupidité à présent : [ ] points

tant régulièrement en forme de V, comme Véronique et Davina le font faire avec les jambes.

- Dingo et Donald, il y a quelque chose dans la phrase pour vous aider, cherchez bien.
- Leni Riefenstahl est une **cinéaste sportive** qui a filmé les rencontres de jogging de Nuremberg en 1939. Son œuvre complète s'intitule *Le Triomphe de la volonté des dieux du stade chez les Noubas de Kau*.
- « Tout à fait, Thierry » est la façon **sportive** (et conviviale) de dire « Oui, absolument ».
- Sean Connery est champion de golf, un **sport** de club où l'on rentre ses balles dans des trous, et non seulement dans *Goldfinger*, mais aussi dans la vie. C'est même en essayant de rentrer ses balles dans des trous qu'il a rencontré sa femme.
- Raimu a joué l'**arbitre** dans un vieux film dont nous ne nous souvenons plus du titre. Fernandel lui envoyait le ballon. C'est dire.
- François Mitterrand, enfin, est l'organisateur du **cross annuel** diététique et domestique de Solutré. (Il est réservé aux employés de maison qui suivaient son régime pour la forme.)

3 – Parmi ces drogués célèbres, quel est celui qui fait du sport :

A	Mick Jagger	☐
B	Serge Gainsbourg	☐
C	Carl Lewis	☐
D	Madonna	☐
E	Maradonna	☐
F	Nike	☐

Votre capital stupidité à présent : ☐ points

Corrigé

La meilleure réponse est F : + 6 points. Viennent ensuite dans l'ordre, attention, à vos marques, 5 points pour B, 4 points pour A, 3 points pour D, 2 points pour C, 1 point pour E. Zéro ! Partez !

Attention : ceux qui ont répondu A parce qu'ils avaient cru lire « Mick Jogger » se rajoutent 3 points.

4 – Dans quel sport emploie-t-on la balle dum-dum ?

A	Le basket	☐
B	Le football dum-dum	☐
C	Le rap	☐
D	La chasse au président des Etats-Unis	☐
F	Les tournois internationaux de tennis napolitain à plusieurs rackets	☐
E	Aucun, c'est un gadget de supporter déçu	☐

Corrigé

B, F et A rapportent 5 points. D, F et E font perdre 5 points[1]. C rapporte n'importe quoi. Mettons 1 point. Ouaiiiis !

1. Ce qui fait que F rapporte 0 point. Vu ?

Votre capital stupidité à présent : ☐ points

La vie économique

« Money makes the world go round. »
Une nuit au cabaret, K. MARX

Comme son nom ne l'indique pas tout de suite, l'économie est le domaine des activités liées aux dépenses. On voit d'entrée que c'est un domaine compliqué. Mais à notre niveau, nous pouvons faire abstraction de tout un tas de théories aussi complexes que contradictoires pour ne retenir que deux thèmes essentiels : les **soldes** et la **crise**[1].

Les soldes

On appelle ainsi des opérations menées à dates régulières par différents types de magasins, le plus souvent concurrents les uns des autres. Le principe est simple : on vous propose de dépenser pour économiser, ou, si vous préférez, d'économiser en dépensant. C'est donc un moteur central de l'économie. Les soldes ont pour but de vous faire faire des affaires et de relancer les affaires. Ils[2] vous permettent donc de contribuer à la

1. Pour le reste (GATT, serpent monétaire, taux d'intérêt, etc.) reportez-vous aux conseils de la page 57.

2. Ils : les soldes. Certains emploient abusivement le mot « sol-

Votre capital stupidité à présent : [   ] points

prospérité du pays et de la planète, tout en faisant des économies.

Pour bien comprendre le principe des soldes, il faut l'apprécier depuis ses différents angles : du côté de l'**acheteur** (vous, la plupart du temps) puis du côté du **vendeur** (certains d'entre vous, parfois)[1].

Vu du côté de l'acheteur

En général, les soldes vous proposent d'acheter moins cher des produits que vous n'avez pas encore achetés. Pourquoi cette indifférence de votre part ? Oh, il y a différentes explications :

- soit vous ne saviez pas ce qu'il y avait à acheter ;
- soit vous ne saviez pas qui le vendait, où et combien de temps durait l'offre ;

des » au féminin. C'est un cas de harcèlement sexuel caractérisé, même si les soldes sont un sport traditionnellement féminin. Par accueil intellectuel, ne détrompez pas ceux ou celles qui font la faute.

Tant que nous y sommes, profitez de ce principe en cadeau gratuit : Quand un stupide fait une faute, évitez à tout prix (et même en soldes) de corriger la faute. Faites la faute qu'il fait, ou sinon personne ne se comprend plus. Mieux vaut être stupide comme tout le monde que subtil comme pas grand monde. C'est plus efficace.

Autre cadeau supplémentaire de cette note : appliquez vous-même ce principe dans votre vie – il est *vendeur*. Car ce choix est un choix de société : c'est ainsi qu'on distingue les sociétés libérales (faites de l'ensemble des fautes que les membres font ensemble, pour se comprendre) des sociétés totalitaires, où seules les fautes de l'Etat sont admises, et toutes les autres sévèrement punies et surveillées de près. La démocratie est le droit à l'erreur générale. Ceux qui ont lu patiemment toutes ces petites lettres gagnent 4 points de persévérance (soit 6 points sur lesquels on vous a consenti un rabais de 2 points pour acharnement de l'intelligence).

1. Les soldes sont en effet un jeu à deux : il y a celui qui vend ; et vous qui devez théoriquement acheter. (Ou bien : vous qui vendez, et celui qui achète. C'est à la fois la même chose et l'inverse. Ou, si vous voulez, c'est le contraire, mais c'est de l'autre côté, et pourtant, si l'on veut, c'est pareil. Bon. c'est pas très grave. Tout le monde se

---

Votre capital stupidité à présent : [ ] points

• soit vous ne saviez pas que c'est à vous qu'on voulait s'adresser ;

• soit vous n'avez pas eu le temps de tout faire, étant déjà occupés ailleurs à acheter autre chose à d'autres.

Quoi qu'il en soit, et c'est cela qui compte, ce **n'était pas de la mauvaise volonté**. Vous êtes absolument prêt à acheter ce qui vous est proposé, maintenant que le panneau « Soldes » vous a fait prendre conscience de votre oubli. C'est pourquoi les premiers mots à prononcer face à une proposition de soldes sont : « Ah ben ça tombe bien ! Justement, il m'en fallait. » Contrairement à une idée fausse, les produits en solde sont toujours indispensables. La preuve : tout le monde en achète.

Vu du côté du vendeur

Les soldes sont des périodes où le vendeur vous propose moins cher ce qu'il vous a proposé cher. Pourquoi une telle abnégation de sa part ? Oh, il y a différentes explications :

• soit parce qu'il sent que vous n'aviez pas compris qu'il voulait vous faire acheter ;

• soit parce qu'il commence à se douter que son produit n'était pas tout à fait assez bien pour être vendu au prix indiqué ;

• soit parce qu'il a besoin de faire de la place dans son magasin pour y ranger tous les produits nouveaux qui doivent remplacer ceux qu'il essaie de vous vendre, qui vont être livrés après-demain et qu'il vous proposera en solde l'année prochaine.

En somme, les soldes sont une façon de vous récom-

rajoute 5 points. Bon, mettons 6, et vous oubliez tout ça. Mais nous y perdons.)

Votre capital stupidité à présent : [ ] points

penser pour n'avoir rien fait au moment voulu. C'est la conséquence normale de la stupidité générale. Elle vous permet de faire des affaires en achetant à prix raisonnable des produits hors saison : chaussures de ski en mai ou mini-jupette type « Narta !!!!! » en novembre.

Ce système d'achats décalés se généralise peu à peu. C'est pourquoi on observe actuellement l'arrivée dans les magasins des affaires de classe en juin, des chocolats de Noël en octobre, des galettes des Rois en novembre et des maillots de bain en février[1].

A raison de deux mois de recul par an, on a calculé que dans cinq ans d'ici le commerce aura pris exactement un an d'avance et qu'à ce moment (mais pour un an seulement) le calendrier officiel coïncidera avec le calendrier commercial. Après quoi tout recommencera à se décaler et on repartira pour un nouveau tour. C'est ce qu'on appelle un **cycle économique.**

Il arrive aussi que les magasins, la plupart du temps les hypermarchés, décident tout d'un coup de baisser tous leurs prix, même sur les produits qu'on est bien obligé d'acheter sans attendre, comme le papier-toilette ou la vidéo-cassette de *Clito, la gentille baleine.* Ces moments privilégiés sont appelés **promotions** ou, de plus en plus souvent, **anniversaires**[2].

C'est une époque très gaie. Elle commence avec l'apparition, dans votre boîte aux lettres, d'un épais prospectus tout en couleurs présentant, selon la saison, différents modèles de cartables (septembre), de saumons fumés (novembre), de brouettes (mars) et de steppers (juin). Quelques jours plus tard apparaissent des

1. Pour ne citer que quelques exemples, sans vouloir être exostifs.
2. *Anniversaire* est le mot moderne et ludique pour dire « Grande quinzaine de la braderie commerciale ». Grâce aux hypermarchés, on sait maintenant qu'un anniversaire dure deux à trois semaines et revient quatre fois par an, en mars, juin, septembre et novembre.

Votre capital stupidité à présent : [   ] points

affiches sur lesquelles des prix sont écrits en gros à côté d'une jeune femme souriant à ses deux enfants. Enfin, la radio vous apprend que vous êtes vous aussi invité(e) à l'anniversaire de votre hypermarché. Vous devez y aller : le contraire serait impoli (toutefois, inutile d'apporter un cadeau, venez sans façon, comme vous êtes : chèques, liquide ou carte bleue...).

Dans le magasin règne une atmosphère de fête. Il y a des petits drapeaux partout. La Voix est encore plus enjouée que d'habitude. L'ambiance est chaude et amicale. Une nuée de caddies débordants envahit les allées. Des jeunes femmes souriantes vous proposent de goûter à leur jus d'orange, à leur whisky ou à leur jambon en cubes. Au rayon Fromagerie, la foule entoure Patrick S. qui anime un jeu-quizz. Tous les bulletins à gratter, à remplir et à découper de la terre semblent s'être donné rendez-vous dans les rayons. C'est féerique.

Et puis, surtout, tout est à prix cassé ! C'est ainsi que, moitié par plaisir, moitié par souci de saine gestion, vous vous retrouvez au bout de deux ou trois heures à pousser un chariot dégorgeant de produits divers sur lesquels vous aurez d'autant plus gagné que vous l'aurez davantage rempli. Chaque achat non effectué devient une perte, la perte de ce que vous auriez gagné en achetant au prix exceptionnel qui vous est proposé. Il faudrait vraiment être bête pour passer à côté d'autant d'économies... Or, rappelons-le bien, la stupidité **n'est pas la bêtise**. Donc, pas d'hésitation, achetez tout ce que vous pourrez. Nous vous garantissons que c'est bien stupide.

Votre capital stupidité à présent : [ ] points

Test

Parmi les propositions suivantes, quelle est la meilleure affaire ?

A	Prix cassés	☐
B	Prix écrasés	☐
C	Prix pulvérisés	☐
D	Prix rabougris	☐
E	Prix fous	☐
F	Massacre des prix	☐
G	Holocauste des prix	☐
H	Génocide des prix	☐
I	Extermination des prix	☐
J	Crime contre l'humanité des prix	☐
K	Shoah des prix	☐
L	Purification ethnique des prix	☐
M	Cinq jours en or	☐
N	Prix anniversaire	☐
O	Prix coûtant	☐
P	Prix usine	☐
Q	Prix libé	☐
R	Les prix d'été qui gèlent	☐
S	Les prix d'hiver qui fondent	☐
T	Les prix d'été qui fondent	☐

Votre capital stupidité à présent : ☐ points

T	Les prix d'hiver qui gèlent	☐
U	Achetez maintenant, payez plus tard	☐
V	Deuxième démarque	☐
W	Solde des soldes	☐
X	Liquidation avant poursuites judiciaires par décision de la COB	☐
Y	Tout doit disparaître	☐
Z	Nous vous remboursons la différence	☐

Corrigé

Ce test est une affaire exceptionnelle. Pour la réponse que vous avez cochée, quelle qu'elle soit, nous vous offrons :

- 1 point. Mais ce n'est pas tout !
- 1 point supplémentaire si vous avez répondu dans les dix secondes, **plus** :
- deux réponses pour le prix d'une (c'est-à-dire que vous avez droit à cocher une deuxième case sans supplément de points). **Et encore...**
- nous vous offrons cinq réponses pour 3 points, et nous y perdons. **Mais ce n'est pas tout !**
- Si vous prenez tout le lot de cases, vous avez droit à un tarif préférentiel de 5 points, plus 3 à la livraison. Avez-vous bien réfléchi ? Tout doit disparaître. **D'ailleurs,**
- pour tout acheteur d'un deuxième livre, qui souhaiterait réaliser une deuxième bonne affaire, 10 points de fidélité.
- **Mieux encore** : pour tout acheteur de ce livre parrainant un deuxième lecteur, un cadeau de 3 points pour lui et 2 points de bienvenue pour le nouveau membre.

Votre capital stupidité à présent : ☐ points

- **Dernière offre** : pour ceux qui décident de s'abonner à ce livre (c'est-à-dire qui acceptent d'en recevoir un exemplaire tous les mois pendant deux ans), nous offrons la **réussite gratuite aux tests**, avec un capital de **2 500 points** qu'il est certainement impossible d'épuiser, même avec la meilleure volonté du monde.
- Question subsidiaire : classez les cases par ordre de préférence. Envoyez-nous votre réponse avant la fin de l'année où vous avez acheté le livre. Tous les trente ans, il sera procédé à un tirage au sort en l'étude de Me Bariolet, notaire à Paris, ou de ses descendants, et le gagnant (celui qui se rapprochera le plus de la liste type) se verra averti personnellement de son triomphe. Il recevra les invendus de ce livre, s'il en reste, jusqu'à concurrence de son poids en papier recyclé. Le pesage se fera tous les trente ans, en présence de la presse, place du Trocadéro, ou dans ses ruines.

La généralisation du fonctionnement des soldes a donné naissance à de nombreuses études très sérieuses, et même récentes. Certains en ont même fait leur métier. Cela s'appelle le **marketing**.

En gros, la règle fondamentale du marketing est d'observer le comportement des gens pour fabriquer le monde qui leur convient. Il permet donc de se rapprocher toujours plus du taux de stupidité général.

En l'occurrence, le marketing professe que moins les clients achètent, plus on doit tenter de mettre les prix à leur portée. Traduit du côté du consommateur [1], cela signifie que moins on achète, plus les prix baissent.

1. C'est comme ça qu'on nous appelle, vous et nous, en langage de marketing. Malgré les apparences, c'est un mot qui n'a rien à voir avec la stupidité.

Votre capital stupidité à présent : [ ] points

C'est simple : il est préférable de ne pas écouter les offres, d'avoir la tête ailleurs, bref de ne rien faire tout de suite et d'attendre que ce soit moins cher. Le consommateur stupide arrive donc bientôt à la conclusion que le meilleur moyen de se garantir la vraiment toute bonne affaire, c'est de **ne pas acheter du tout**.

Bien sûr, il y en a toujours pour acheter sans attendre : le mécanisme est ralenti par ceux qui n'ont pas compris qu'il était de leur intérêt de ne pas comprendre[1]. Mais ils sont de moins en moins nombreux. Et quand tout marche au mieux, quand on ne fait stupidement rien, les prix ne cessent de baisser jusqu'à ce qu'on en arrive finalement à l'ultime étape des soldes, appelée **crise**.

La crise

La crise est le moment où chacun solde ses produits en attendant que l'autre en fasse autant, et en se gardant de ne rien faire soi-même, pendant que l'autre, stupide et donc pas fou, ne fait rien non plus.

Quand la crise dure un peu, les soldes atteignent même des marchandises qui ne sont pas des robes d'été à porter l'hiver, ni des mixers-qui-essorent-aussi-le-linge. Des marchandises qu'on ne voit pas et qu'on ne touche pas, comme le travail, le dollar, le MATIF ou les taux d'intérêt. Les hommes et les femmes se soldent en attendant qu'un employeur (qui fabrique les mixers qu'ils n'achètent pas) accepte de les acheter, eux, afin qu'ils fabriquent des mixers soldés.

Bientôt, chacun se solde lui-même en attendant que l'autre devienne acheteur. On brade les emplois. Tout

1. C'est en partie la faute à la publicité, qui a pour but de faire acheter tout de suite et au prix fort, par intelligence, donc selon le contraire des lois du marketing. Voir le chapitre consacré à la pub.

Votre capital stupidité à présent : [ ] points

le monde attend la relance. C'est la phase dite **de promotion**.

Ce phénomène est nouveau. Pour l'instant, on ne peut pas prévoir ses suites. Même avec des études récentes. Les études les plus récentes concernent les pays étrangers où il y a plus d'hommes et de femmes en solde que de mixers, et donc où il est moins cher de faire fabriquer les mixers.

Pour sortir de la crise

Achetez ce livre sans attendre les soldes. Rachetez ce livre une deuxième, une troisième fois. Au besoin, utilisez le bon page 301 à la fin du volume. Faites vite. C'est un devoir civique.

Votre capital stupidité à présent : [ ] points

La politique

« La politique est l'art du possible. »
Mes missions, M. PHELPS

Résumé des épisodes précédents

La politique, jadis, il y a trente ans, c'était très compliqué. Déjà stupide, mais compliqué. Trop. On s'est aperçu qu'il était temps de tout simplifier d'urgence. Aujourd'hui, la politique, c'est très simple.

On a corrigé une erreur. Erreur fondée, comme d'habitude, sur l'intelligence. L'erreur était de penser que la politique était faite **par** le peuple, et qu'il fallait lui apprendre à la faire. D'où des choses fatigantes et compliquées comme les cours d'instruction civique, la lecture, la liste des départements, tout ça.

Le grand progrès a été de penser que la politique est faite **pour** le peuple. Ce progrès, comme bien d'autres, est né de la généralisation de la télévision. Celle-ci, en démodant tout, a aussi démodé la politique à l'ancienne. Elle a permis les face-à-face, les soirées électorales, les heures de vérité et toutes ces émissions distrayantes. Du coup, on a compris que la politique fait partie, non pas des activités auxquelles le peuple doit participer, mais des activités auxquelles il peut assister sans rien faire. Or, rien n'amuse tant le peuple que ce

Votre capital stupidité à présent : | | points

qu'il regarde faire par des gens dont il apprécie les efforts sans en fournir lui-même. Comme par exemple les matchs de foot, de boxe ou de billard (voir le chapitre consacré au sport).

La politique, aujourd'hui, est devenue une activité simple. Il y a deux camps, qui s'affrontent régulièrement dans des matchs individuels (appelés **débats**) ou collectifs (appelés **séances à l'Assemblée**). Ces matchs sont régulièrement retransmis à la télévision. De temps en temps, les supporters sont conviés à prouver leur fidélité à leur équipe, dans de grandes rencontres nationales. Ce sont les **élections**.

Le journal politique le plus copié, c'est *L'Equipe*. Le journal de sport le plus suivi est le 20 heures de TF1. France 2 fait ce qu'il peut pour innover. Certaines fois, ça rate.

Le 1er juin 1994 [1], au journal de 20 heures, le présentateur de France 2 a invité face à face deux leaders [2] qui se détestent, et comme il connaît son métier, leur a fourni des gants de boxe. Ils ne les ont pas employés. C'était une erreur de leur part, sans doute due au fait que les invités n'étaient pas de **vrais** professionnels puisque n'ayant pas fait l'E.N.A. Mais l'idée était prometteuse d'un réel progrès.

Malheureusement, si le progrès va très vite, il avance toujours lentement. La preuve c'est qu'on a sanctionné le présentateur qui avait eu cette belle idée, en jugeant qu'il ne fallait pas montrer aussi visiblement la parenté entre match politique et sport. C'était une idée trop en avance sur son temps. Pourtant, on y va tout droit. Déjà, on ne conserve plus dans la politique que ce qui ressemble au sport : duels, matchs, tournois...

1. Soit un mois, jour pour jour, après la mort d'Ayrton Senna.
2. Mot anglais pour l'allemand führer, guide.

Votre capital stupidité à présent : [ ] points

Parallèlement, les manifs doivent ressembler à des défilés de supporters. Il y a quinze ans, les journaux évitaient de montrer des photos de manifs où des gens souriaient, plaisantaient et avaient l'air heureux. On voulait des manifs soucieuses, avec des gens « concernés ». Depuis, on a abandonné cette interdiction bêtement intelligente. Au contraire, on montre qu'une manif est un véritable réservoir de fun [1]. Et de leur côté, les manifestants ont fait un effort. Une manif doit être ludique, sinon on ne fait pas d'audience à la télé. On se déguise, on fait la fête. On invente des costumes, des grosses têtes de carnaval, des slogans drôles, et de moins en moins des méchancetés qui font de la peine.

Notre conseil : pour aller dans le sens de ce mouvement général de progrès, participez à toutes les manifestations. Ne vous souciez pas du thème. Du reste, pour peu que vous soyez un agent de la R.A.T.P., motocycliste le week-end, parent d'élève scolarisé dans le privé et frère d'une infirmière mariée à un réfugié politique noir travaillant chez Renault, vous en avez pour un bon semestre de programme sans interruption.

Dans ces nouvelles manifs, dites du troisième type (ou manifs « Nous ne sommes pas seuls »), on laisse toutes les fois qu'on le peut les fusils, les pierres et les lacrymogènes au vestiaire. Ce sont des outils barbares, tout juste dignes d'un pays en voie de développement ou de Renaud dans *Germinal* [2]. On est dans un pays

1. Fun : plaisir pris à tout ce qui est cool.
Exige des accessoires : du déodorant à emballage multicolore, un gel fixateur pour les cheveux, du chewing-gum au goût inusable aux polyols, une planche à voile fluorescente. Age requis : entre quinze ans et quinze ans et six mois.
Le sida, la banlieue et la drogue ne sont ni fun ni cool. Ils sont **destroy**...
2. Souvenez-vous, c'était le Grand Chef-d'Œuvre Incontournable

---

Votre capital stupidité à présent : [   ] points

avancé, où tout se passe entre gens bien et où les manifestants, tout en criant à la révolution, ont l'air tout gênés s'il se produit la moindre violence. Bientôt, on n'emploiera plus que les confetti. Le carnaval de Nice risquera d'être interdit pour subversion de l'ordre public.

A l'inverse, les défilés de supporters peuvent très bien devenir des manifs. Des comme autrefois, du temps de Charonne[1]. On appelle alors les joueurs **hooligans**, **casseurs**, ou encore **éléments incontrôlés**.

Les mouvements des partis politiques ressemblent, eux aussi, à des transferts de joueurs. Leurs idées (chez eux, on appelle ça **tendance**) ne comptent plus. C'était trop compliqué. On employait les notions de droite et de gauche, qui créaient d'ailleurs un risque de discrimination des gauchers, des droitiers, des manchots et autres hommes-troncs. Désormais il y a (en gros) les bleus, les roses, les verts et les rouges. Un homme ambidextre (qui serre les mains des autres avec, indifféremment, le bras droit, le bras gauche, ou l'un de ses bras droits) peut très bien passer de l'équipe bleue à la verte ou à la rose et réciproquement, tout en conservant le soutien de ses fans. Le prochain progrès consistera à fournir des dossards aux hommes politiques[2].

Retenez que la politique est l'art de compter les points. En laissant jouer ceux qui aiment ça, les professionnels. Il suffit de très peu de professionnels pour animer une équipe, bleue ou rose. Les autres peuvent très bien se borner à voir le match à la télé.

de l'année dernière. Vous ne vous le rappelez plus, mais vous êtes sûrement allé le voir.

1. Que ceux de nos lecteurs auxquels ce nom ne dit rien se renseignent auprès de leurs aînés ou, à défaut, dans les vieilles collections de *Paris-Match*. S'ils n'ont pas de vieille collection de *Paris-Match*, qu'ils en achètent une. Afin qu'ils n'oublient jamais.

2. On parle d'ailleurs déjà couramment de leurs **étiquettes**.

Votre capital stupidité à présent : [ ] points

Règle du jeu politique

Elle est simple : « Il n'y a rien de plus beau que les Droits de l'Homme, sauf leur Déclaration. »

Additif : « Il n'y a rien de plus beau que la Déclaration des Droits de l'Homme, sauf son texte. Ecrit gros. Pour que tout le monde puisse le voir. » Attention : même ceux qui ne savent pas lire. Peut-être surtout eux. Ce sont aussi des hommes, avec des droits, d'autant plus qu'ils n'ont pas les moyens de les connaître. Donc :

Nouvel additif : « Il n'y a rien de plus beau que la Déclaration des droits de l'homme écrite en grand au métro Concorde. Sous la terre. En vrac. Pour rendre égaux les illettrés et ceux qui savent lire. Avec les points et les virgules donnés tous ensemble à la fin. »

Ce raisonnement est d'une logique stupide parfaite : ceux qui savent lire connaissent déjà, ceux qui ne savent pas lire n'ont besoin que de carreaux de faïence. Au moins, là, on sait qu'il y a tout, on sait où le trouver, on sait où c'est rangé. Un peu comme, chez soi, les choses qu'on ne jetterait sous aucun prétexte mais qu'on ne sort jamais du placard [1].

Quel que soit l'endroit où sont rangés les Droits de l'Homme, le fondement de la politique est de les respecter. Ou, en tout cas, d'avoir l'air de les respecter davantage que ceux de l'équipe adverse. Le jeu consiste donc à critiquer toutes les propositions des adversaires au nom de quelques idées simples, toujours les mêmes : droit au travail, droit de grève, droit à la liberté d'expression, droit au respect, droit à la liberté d'agir sans contrainte, droit à la sécurité, droit à l'information, droit au secret de l'instruction, etc. Comme dans tous

1. Comme les fiches-conseils et le caquelon à fondue franc-comtois. Souvenez-vous, c'était il y a cinq ou six chapitres.

Votre capital stupidité à présent : ☐ points

les vrais bons jeux, ce sont l'imagination et l'expérience des joueurs qui feront toute la différence.

Les petites phrases

Pour jouer, l'outil de base des hommes politiques est la **petite phrase**. La petite phrase a juste le format utile pour résumer sa pensée à la télé quand on vous tend un micro en passant. Elle a pour but d'être retenue par le grand public. C'est pourquoi elle doit être le plus petite possible.

On croit les petites phrases extrêmement difficiles à faire (« Où sont-ils allés chercher ça ? »), et quelquefois intelligentes. C'est une erreur de gens qui cherchent des moyens intelligents d'être stupides – on ne dira jamais assez que c'est la pire des gaffes –, comme les observateurs politiques ou les éditorialistes. En fait, tout peut être une petite phrase.

Le seul ingrédient capital est que la petite phrase est faite pour **être dite**, au moins devant un micro, au mieux devant les caméras. Plus la petite phrase est dite devant un grand nombre de micros et de caméras, meilleure elle est.

Essayez, si vous avez l'occasion, de dire n'importe quoi, posément, devant un micro au moment où on vous le tend, et tout le monde dira stupidement : « Ça va loin. » Si personne ne vous tend de micro, essayez vos petites phrases dans votre salle de bains. Ça vous changera toujours des chansonnettes fredonnées. Et votre femme vous regardera d'un œil neuf. Ou en tout cas, sept ou huit[1].

1. Ceux qui ont ri à ce fin jeu de mots se retirent 5 points. C'est la moindre des choses, pas vrai ?

Votre capital stupidité à présent : [ ] points

Attention : « Je n'ai pas de déclaration à faire pour le moment » n'est **pas** une petite phrase. Parce que tout le monde peut la dire, surtout au moment où on lui demande pourquoi il vient d'être inculpé pour fraude, délit d'initié ou abus de biens sociaux. Ce n'est qu'une phrase courte.

Quelle est la différence ? Eh bien, dans une phrase courte, tout est dit sur le fait que l'intéressé n'a rien à dire. Il ne dit pas grand-chose, mais il n'en pense pas plus. Au contraire, une petite phrase est une phrase de quelqu'un qui, lorsqu'il n'a rien à dire, choisit d'en dire long en peu de mots, et donne l'impression de ne pas dire beaucoup, mais de n'en penser pas moins.

Test pour ceux qui suivent

Parmi ces phrases, toutes ne sont pas une petite phrase. En fait il n'y en a qu'une. Laquelle ?

A	La mobilisation n'est pas la guerre.	☐
B	Allez l'O.M.	☐
C	Bonne chance, la France !	☐
D	Alea jacta est.	☐
D'	Moi Président, la France ne comptera jamais un million de chômeurs.	☐
E	Taisez-vous, Elkabbach !	☐
F	Un Rocard, sinon rien. Ou alors un autre pastis.	☐

Corrigé

A est un **mensonge**, B un **refrain**, C un **slogan publicitaire**, E est un **tic**, F un **proverbe**. D' est une **promesse électorale**, d'ailleurs largement tenue et même au-delà.

Votre capital stupidité à présent : ☐ points

Seul D est une petite phrase, manque de pot, elle est en latin, ce qui en fait aussi un **mot historique**. Donc, aucun point à gagner ici.

La petite phrase est le plus précieux héritage des institutions de Jules Ferry. Mais ce n'est pas sa seule beauté. En plus, c'est petit et maniable, comme les briquets jetables. C'est à la pointure de ceux qui ont deux cents mots de vocabulaire. Et ça permet, surtout en juillet-août, de faire parler de soi dans des médias désœuvrés par la trêve estivale et preneurs du moindre événement un peu rigolo.

Les petites phrases les plus fortes sont celles qui, sur quatre mots, contiennent un mot bizarre, inconnu ou inattendu. Elles témoignent que leur émetteur prend à cœur l'instruction publique. « Quarteron », « chienlit » sont des modèles de mots de petites phrases. C'en sont les ancêtres. Comme leur auteur. Une fois convenablement vieillies, les petites phrases font des mots historiques [1]. Une fois convenablement morts, les auteurs de mots historiques font des plaques de rue.

Avec le temps, les petites phrases deviennent de plus en plus petites. Elles se réduisent au souvenir d'un mot, ce qui est très prudent depuis que la mémoire du public a été confiée au soin des ordinateurs. Chirac, c'est l'odeur ; Le Pen, le détail.

Outre les petites phrases, les hommes politiques ont volontiers recours aux rumeurs. On appelle ainsi une information, vraie ou fausse [2], qui présente la particularité de transpirer avant de courir et l'intérêt d'embêter les joueurs de l'équipe politique adverse.

Pour fabriquer une rumeur, c'est très simple, il suffit

1. Quelquefois, on fait une petite phrase avec un gros mot.
2. Sans que cela ait la moindre importance. Voir le chapitre consacré aux magazines d'information et aux Grands Sujets.

Votre capital stupidité à présent : [   ] points

de commencer par la démentir. Devant un auditoire choisi pour sa discrétion et son carnet d'adresses. Exemples :

• « Je démens formellement la rumeur selon laquelle mon excellent ami Charles Pasqua aurait attrapé le sida lors des partouzes organisées pour sa dernière visite officielle à Nice. »

• « Je démens catégoriquement la rumeur selon laquelle le parti radical serait manipulé par Greenpeace, avec des fonds venus pour moitié de la C.I.A. et pour moitié du Mossad. »

• « Je démens formellement et catégoriquement la rumeur selon laquelle François Mitterrand serait candidat à un troisième mandat de Président après s'être fait greffer une prostate neuve. »

Etc. C'est très facile. Seul conseil vraiment important : ne pas laisser toujours les mêmes démentir tout le temps.

Votre capital stupidité à présent : [ ] points

La sexualité

« N'est-ce pas toujours par contact que le sujet doit entrer en relation avec les choses pour les connaître ? »
Dialectique du monde sensible, Louis LAVELLE

Ce chapitre est très important.

Il mériterait tout un livre. Mais nous répétons que nous n'avons pas la prétention d'être exostifs, et nous nous bornerons à l'essentiel, réservant tout le reste (souvent le meilleur) pour un autre ouvrage, entièrement consacré au sacré sujet consacré de la sexualité, vu la demande sur ce créneau.

N'importe qui de moyennement honnête reconnaîtra que c'est à son sexe qu'il doit, sinon les premiers moments de stupidité de sa vie, du moins les plus complets, et les plus exemplaires. (« J'ai été stupide ! Non mais vraiment, à se cogner la tête contre les murs. »)

Après une période plus ou moins longue d'enfance vive, malicieuse, fraîche et joyeuse, où beaucoup de curiosités le poussent parfois à l'intelligence, l'homme en vient bientôt, glandulairement, c'est-à-dire automatiquement et sans effort, à un état de torpeur baveuse, d'éruption de boutons disgracieux, de chaleurs internes et de rougissements faciaux qui sont du meilleur augure pour le développement de la stupidité.

Ces prédispositions trouvent bientôt leur plein épanouissement dans une expression de stupidité parfaitement aboutie, décrite dès les premiers chapitres de cet ouvrage. Tout l'avantage d'employer la sexualité pour avoir un air stupide, c'est son caractère réflexe. Les réflexes sont ce qui se passe ailleurs que dans la tête. On peut être stupide et avoir d'excellents réflexes.

La face stupide apparaît à peu près automatiquement et sans effort volontaire chez tout être biologiquement bien conformé, garçon ou fille, dès l'activation de ses fonctions sexuelles. Et elle ne se dément que très tard avec l'âge.

L'expérience la plus directe qu'un homme puisse faire de la stupidité est d'essayer d'avoir tout de même l'air **malin** quand un de ses membres semble n'en faire qu'à sa tête. L'expression « **tête de nœud** » en dit long là-dessus (de 15 à 23 cm en moyenne). Elle n'a d'égale, nous disons bien, d'égale que l'expression : **avoir l'air con**.

La femme, en effet, n'est pas en reste, qu'elle se tienne devant cette manifestation, ou qu'elle en ressente les effets, anticipés ou directs. Il est superflu d'entrer dans les détails, nos lecteurs l'ont sans doute fait souvent, chacun à sa façon et selon leurs moyens.

Dans un cas comme dans l'autre, les deux efforts pour essayer de n'avoir pas l'air stupide ne font qu'accentuer les choses. En gros [1], deux tentatives se distinguent :

• essayer de faire comme si de rien n'était, prendre l'air **détaché**, paraître occupé d'autre chose (« Quelle

1. Et même quand ce n'est pas aussi gros qu'il le faudrait, mais la taille, tous les experts sont d'accord, est secondaire.

Votre capital stupidité à présent : [ ] points

chaleur ! » – « Ainsi c'est donc vrai, Marjorie, je vous plais un peu... » – « Vous avez vu, le CAC 40 mollit, c'est inquiétant. ») ;

• prendre le taureau par les cornes (« Ah la vache, tu m'excites ! » – « Charles André, grand fou, vous n'y pensez pas, vous allez m'éclater ! » – « Sans les mains. » – « T'as vu l'engin, mais attends un peu de voir comment il marche. » – « Si tu ne m'ê-meu pas je t'hem, et si jeu thèmeu prends gard' à touaààààâââ ! ! ! »).

Elles reviennent au même. Dans tous les cas, on en tient, comme on dit, une sacrée couche.

L'âge de l'activation de la stupidité sexuelle varie, en moyenne, entre 12-13 ans et 80-85 ans, selon les régions du monde et les cultures.

Une étude récente a montré que, dans les pays tempérés, l'âge de cet éveil baisse, c'est-à-dire que le petit d'homme masculin ou féminin devient sexuellement et stupidement mature de plus en plus tôt. Il descend vers le singe. Les plus récentes des études attribuent ce phénomène à la diminution des apparitions de Jean Nohain sur les écrans, et à l'augmentation de celles d'Amanda Lear, de Bruno Masure, de Claire Chazal, d'Alain Gillot-Pétré, de Henry Chapier et de Paul Préboist.

Des débuts difficiles

L'homme et la femme remarquent :

- assez vite **où** est leur sexe ;
- un peu plus lentement **où** est le sexe **de l'autre** ;
- encore plus lentement **à quoi sert** l'ensemble.

Et tout ça n'est ni facile ni garanti. Et de fait, pour arriver à la conclusion que le sexe de l'autre doit être à peu près au même endroit que le sien, alors que

Votre capital stupidité à présent : [   ] points

pourtant ça n'a pas la même apparence, et que, de la femme à l'homme, **c'est même logique que ce soit le contraire**, il faut, reconnaissons-le, l'un des plus grands efforts intellectuels demandés à l'homme. Et cet effort, il doit le faire dès ses débuts dans la vie ! A côté de ça, tout le reste (apprentissage de la marche, de la vente au porte-à-porte, de la fuite, de la fraude fiscale, etc.) est d'un niveau moins difficile.

L'homme et la femme stupides normaux, qui sentent d'instinct que réfléchir est gênant, puisque c'est difficile, s'en tirent donc depuis toujours comme ils peuvent, et tout à leur honneur finalement, c'est-à-dire en **pariant**, et en essayant de **deviner**, plutôt qu'en réfléchissant. Depuis leurs origines, les hommes et les femmes, sur les questions « le sexe qu'est-ce, à quoi sert-ce, quel est le mien, où va-t-il, etc. » ont **progressé à tâtons**[1]. Ils ont tenté de parier sur n'importe quelle hypothèse (la science ne fait rien d'autre, et d'après des thèses de science récentes sur l'origine de la vie, il paraît que la matière, qui ne pense pas non plus, fait exactement de même. La stupidité gouverne vraiment tout).

Il est donc normal et compréhensible que les paris aient visé à peu près partout, et dans tous les sens (« C'est devant, donc c'est pour rentrer derrière », « C'est creux, donc il ne faut rien y mettre », « Ça doit peut-être aller dans un trou, mais lequel, j'en ai sept... », « Ça sert aussi à faire pipi, mais ça ne prouve rien : avec la bouche, on mange et on parle, alors... », etc.).

Il est normal aussi que, sur la quantité :
- d'une part, à peu près tout ait été tenté ;
- d'autre part, chacun estime avoir trouvé ce qu'il

1. On ne saurait mieux dire. (*Note de l'autre auteur.*)

Votre capital stupidité à présent : [ ] points

y avait à chercher (ce qui est la règle d'or de la stupidité : « C'est ce qu'il y avait à comprendre, puisque c'est ça que j'ai compris. ») ;

Il est normal encore :

• qu'un grand nombre de gens ait trouvé des solutions à peu près identiques : la possibilité des paris est infinie, mais les combinaisons physiques possibles ne le sont pas – du moins sans crampes ou foulures très douloureuses ;

• mais que néanmoins chaque groupe soit persuadé d'avoir cherché au bon endroit (et donc d'avoir raison, contre les autres groupes).

Selon une des hypothèses les plus largement répandues, si l'un des sexes se gonfle et devient dur, ce serait précisément pour rentrer dans l'autre, qui lui est creux, et glissant. Il se trouve en plus que c'est ce qui semble permettre la reproduction de l'espèce (en tout cas jusqu'à présent). Mais tout cela est controversé, certains disant même que cette histoire de reproduction est obscure et qu'elle vient tout embrouiller davantage. Et de toute façon et il faut bien dire qu'il y a de quoi être perplexe : ça a vraiment l'air, disons, tiré par les cheveux, en tout cas, pas plus évident que les autres possibles. Il y a là-dedans, à bien y regarder, des acrobaties mentales (pourquoi les deux objets devraient marcher ensemble alors qu'ils sont inverses ?). Bref, beaucoup d'incertitudes planent, et sur toutes ces hypothèses **personne ne peut rien prouver.**

Heureusement, il y avait un moyen de tout simplifier, et, quoiqu'il ait fallu attendre jusqu'à ce XXe siècle pour y parvenir, nous y sommes. Il suffisait de décider que **tout est sexe**.

Votre capital stupidité à présent : [   ] points

Tout est sexe

Cette idée, longtemps réservée à quelques chercheurs confidentiels (D.A.F. de Sade, Joséphine « Banana slip » Baker...), s'est répandue dans les années 80, en découlant des années 60, qui n'étaient pas totalement étanches. Elle a grandement fait avancer la stupidité, déjà considérable par nature, en matière de sexualité. Et l'idée « Tout est sexe » ne peut pas aller plus avant dans la simplification. Elle confirme cette autre grande stupidité : **Tout est dans tout, et réciproquement**. Phrase elle-même très sexe, et qu'il ne faut pas dire deux fois à un être normalement stupide. Il l'essaie aussitôt.

Il faut le reconnaître, ce n'est pas vraiment une nouveauté. Même avant l'électricité, à piles ou secteur, du temps de la bougie, par exemple, bien des choses étaient déjà sexe. Surtout les longues et droites.

La nouveauté est plutôt qu'au lieu de se borner à y penser vaguement, on a décidé d'en parler. Du coup, cette idée a été redécouverte, et a été jetée dans toute sa nudité sur le tapis, et même sur la place publique, aux yeux de tout le monde. C'est ainsi que tout a commencé. Cela a donné des idées même à des membres de classes sociales dans lesquelles on n'aurait pensé aux bougies que pour s'éclairer ou pour les messes.

En un mot, bien que les hommes et les femmes le sussent déjà sans se le dire ouvertement, l'idée que tout est sexe s'est formidablement développée une fois mise dans toutes les bouches. Tout le monde a joint la parole aux gestes, quitte à parler la bouche pleine. Le pouvoir de stupidité de la parole étant presque aussi grand que celui du sexe, on imagine la force de ces deux partenaires s'ils viennent à se mélanger, ce qu'ils ne se sont

---

Votre capital stupidité à présent : [ ] points

pas privés de faire. La question du sexe, jusque-là pendante, désormais ouverte à tous, en a pris du coup une dimension nouvelle. Passant sur toutes les lèvres, les choses ont rapidement grossi, et ont vigoureusement rejailli partout sur les mœurs.

Le résultat est aujourd'hui connu, et il est grandiosement stupide.

Primo, désormais, on parle de ce qu'on fait, pas seulement avant, mais pendant et après. Le sexe a envahi la vie quotidienne. Il est désormais à peu près impossible d'assister à une séance de cinéma sans être témoin d'une copulation. Le moindre magazine pour jeune fille regorge de conseils et de tests comparatifs sur les mille et une façons de se livrer à des pratiques dont nos ancêtres du temps des bougies ne soupçonnaient même pas la possibilité. Les librairies et les grandes surfaces proposent en format poche à prix économique, entre *Mickey Parade* et les ouvrages parascolaires, des livres que les couples les plus avertis du XVIIIe siècle auraient dissimulés en rougissant dans leurs tables de chevet. Pendant ce temps, les kiosques à journaux s'ornent de titres aussi romantiques que « Après l'amour, que faire pour ne pas casser l'ambiance ? » ou « De l'épilation au préservatif, combien vous coûte vraiment une soirée. » Bref, les progrès dans ce domaine ont été fulgurants.

Secundo, toute la planète risque d'attraper une sale maladie, pour le moment sans autre remède que la cessation prématurée de la vie de tous les stupides – qui seraient morts de toute façon, mais autrement. Cette sale maladie s'appelle le sida.

Quoi que veuille dire « sida », l'homme contemporain doit aujourd'hui vivre avec. C'est un modèle de cohabitation.

Votre capital stupidité à présent : [ ] points

Pourquoi en est-il ainsi ? Tout simplement par une erreur commise sur la stupidité. Elle a développé l'inventivité. Et toute cette inventivité a fini par fatiguer l'organisme. Les cellules n'ont plus su comment comprendre les instructions qui leur venaient de partout. Elles ont donc réagi en suivant la loi biologique fondamentale de stupidité : l'accueil intellectuel. Quand on ne sait plus trier ceux qui se présentent, le plus simple est de laisser entrer gentiment tout le monde. D'où le besoin d'appliquer un autre principe : *Avec la stupidité, il faut toujours prendre des gants*. Il suffit donc de demander de mettre des gants à tous ceux qui entrent. Ainsi ils auront tous la même tête, et même un stupide s'y retrouvera.

Moins que jamais le moment de faire le malin

Revenant donc à une saine stupidité, on en vient à une nouvelle façon de voir les choses. La nouvelle règle, qui surenchérit simplement sur la règle stupide de base est : « *Tout ce qui est sexe devra être emmailloté de latex, surtout ce et ceux dont on n'est pas sûr*. »

Cette règle, en tant que nouvelle règle absolue de stupidité, doit être suivie avec une obéissance elle aussi absolue. Toute autre tentative serait un effort d'intelligence, c'est-à-dire une façon de faire le malin. Et comme on l'a vu, vouloir faire le malin dans un monde tout entier consacré à la stupidité est une forme de suicide social.

N. B. : Le gant à sexe s'appelle un **préservatif**.

Votre capital stupidité à présent : [ ] points

Le préservatif

Sitôt sorti de son emballage, il ressemble à... eh bien, il ne ressemble à rien de connu. Peut-être, à la rigueur, à un monocle ; mais mou, et fripé au milieu. Mais la comparaison est peu parlante, parce qu'on voit de moins en moins de monocles. De plus, le monocle est plat, et si le préservatif l'est aussi, il est destiné à se déplier. D'un autre côté, le préservatif ne se met pas sur l'œil. Oubliez tout ça. Essayons autrement : on peut remarquer quelquefois dans les caniveaux des espèces, mettons, de gros emballages de doigt, transparents : ce sont des préservatifs qui ont été dépliés. Attention ! ne les employez pas, même pour les essayer. Il serait trop long d'expliquer pourquoi. Croyez-nous sur parole.

Retenez ceci : le préservatif augmente encore votre stupidité. Il suffit de se représenter dans la pose suggérée au début de ce chapitre, celle où le monsieur se rend à l'évidence qu'un de ses cinq membres n'en fait qu'à sa tête, et de mesurer ce que ça donne quand en plus il est emballé comme une denrée périssable en grande surface. C'est encore plus réussi que nature [1]. Donc ne passez pas à côté des choses simples. Pour raffiner la chose, choisissez votre couleur et votre parfum : menthe claire, grenadine, citron, de nombreuses variétés sont déjà disponibles.

Stupidité, sida et savoir-vivre

« Marchons pour faire reculer le sida » Vous connaissez ce slogan. Vous l'avez lu et entendu. Peut-être même avez-vous participé à la grande procession manifestatoire, émouvante et pluriculturelle, qu'il a servi à vanter.

Ce qu'il ne faut pas faire du tout pendant un tel défilé

1. Comme tout ce qui se vend en grande surface, d'ailleurs.

Votre capital stupidité à présent : [   ] points

ou devant sa nouvelle aux infos, mais alors là, pas du tout, c'est ceci : chantonner « Si quand j'avance, tu recules, comment veux-tu, comment veux-tu que je t'embrasse ? »

D'abord, parce que c'est mal venu.

Ensuite parce qu'il y en a à qui ça peut faire de la peine.

Enfin, parce que c'est indéfendable, même au nom de la stupidité.

Il est vrai que la phrase « Marchons pour faire reculer le sida » est elle-même d'un taux de stupidité tout à fait honnête, quand on y réfléchit. Mais pour s'en rendre compte, justement, il faut y réfléchir. Or, vous le savez, nous déconseillons cela formellement. Vous êtes donc dans votre tort. Il y a manque d'accueil intellectuel.

D'ailleurs, ceux qui l'ont écrite vous diraient qu'ils ont fait exprès de s'exprimer comme ça stupidement, que c'est une façon de parler qui ne dit pas toute leur pensée, mais qu'ils ont préféré une phrase stupide qui puisse frapper tout le monde à une subtile que personne ne comprendrait. La phrase juste aurait été, par exemple : « Marchons dans la rue pour bien montrer combien nous sommes nombreux à être inquiets de ce que les statistiques nous apprennent sur l'expansion de l'épidémie, et tâchons d'agir par notre nombre dans les rues sur le comportement personnel de chacun dans son lit, avec son partenaire et son préservatif. » C'est tout aussi idiot, mais reconnaissez qu'en plus, ça ne fait pas une banderole.

Ils vous diraient encore qu'ils espèrent que le public sera assez intelligent pour comprendre intelligemment une phrase stupide. Ça, c'est peut-être leur pari le plus risqué, mais ils n'ont pas le choix. Ils se veulent efficaces. On ne peut pas leur en vouloir.

Votre capital stupidité à présent : [   ] points

Donc vous voyez que vous n'avez d'excuses dans aucun cas. Même si vous avez chantonné ça sans y penser, vous n'avez pas l'excuse du droit à la stupidité, car ici, les inventeurs de la phrase l'ont eu avant vous. D'ailleurs, un stupide est toujours quelqu'un de foncièrement gentil et tolérant. Répétons-le, il ne faut pas chantonner cette chanson. Il ne faut même pas y penser. Tout au moins quand on peut vous entendre : c'est mal élevé.

Et puis d'ailleurs, les participants à la procession sont nombreux. Plus que vous tout seul. Le mieux est donc de les regarder marcher. Ou même d'aller marcher avec eux, la prochaine fois. Vous chantonnerez cette phrase quand tout le monde le fera avec vous.

Quelques tests

1 – Laquelle de ces expressions vous paraît la plus sexuelle ?

A	Parc à moules	☐
E	Conchyliculture	☐
B	Election à faible participation	☐
C	Presbyte concupiscent	☐
D	Bande passante	☐

Corrigé

Ceux qui ont répondu D obtiennent le meilleur score, mais traînent trop dans les rues. Ceux qui ont répondu C n'ont ni orthographe ni morale. Ceux qui ont répondu B doivent répondre avec le plus grand soin au test ci-après : « Le sexe rend sourd. » Quant à la

Votre capital stupidité à présent : ☐ points

réponse A, elle donne un score très honorable, mais attention à ceux qui en lisant « parc à moules », ont compris « jardin public ».

2 – Œdipe a résolu...

A	L'énigme du Sphincter	☐
B	Le mystère du cinq-à-sept	☐
C	Ses complexes	☐
D	Les problèmes de Freud	☐

Corrigé

Toutes les réponses font perdre 3 points. Œdipe n'a rien résolu de tout ça... Les psychiatres n'allaient quand même pas monter en vedette quelqu'un qui résoudrait des problèmes qui leur rapportent.

3 – Lisez attentivement les mots suivants : trous – poilus – assaut – hampe – capotes – replis – Chemin des Dames – décharge. Ils peuvent être le résumé d'un film. Lequel ?

A	*Les Croix de bois*, de Raymond Bernard	☐
B	*La Fièvre du samedi soir*, de Just Jaeckin	☐
C	*Quatre de l'infanterie*, de G. W. Pabst	☐
D	*Masculin féminin*, de Jean-Luc Grodard	☐
E	*Clito la gentille baleine*, de Michael Zemeckuisse	☐

Corrigé

Bien entendu, le seul film résumable de la sorte est

Votre capital stupidité à présent : ☐ points

Les Croix de bois de Raymond Bernard, qui raconte les souffrances de la guerre des tranchées en 1914. Ceux qui l'ont coché perdent 10 points. Ceux qui précisent qu'il n'est pas fait expressément allusion au Chemin des Dames dans *Les Croix de bois* perdent en plus 3 points, ça leur apprendra à faire les malins. Ceux qui ont répondu *Masculin féminin* rajoutent 2 points, bien qu'ils aient mal lu le nom du réalisateur. Ceux qui ont répondu B feraient mieux de sortir couverts et de mieux lire leur indicateur des spectacles (le nom du réalisateur n'est pas le bon, mais c'est excusable, personne ne se souvient de qui c'est). C'était pourtant facile de voir que la réponse la plus stupide est C, donnée par ceux qui ont cru que *Quatre de l'infanterie* était l'histoire d'une partie carrée.

Ceux qui ont répondu E gagnent 10 points, 5 pour leur confusion sur les mots et 5 parce que le film est résumé dans ce livre, ce qui prouve que quand ils remuent les lèvres devant la page, ils font seulement semblant de lire.

Ceux qui ont coché au hasard gagnent 3 points de consolation-sottise. Ils sont en progrès.

4 – Un complexe, c'est :

A	Un ensemble de salles de cinéma porno	☐
B	Ce dont souffrent toutes celles qui ne sont pas des salopes	☐
C	Un centre commercial où une chatte ne retrouverait pas ses petits	☐
D	Un sale truc qu'on peut attraper simplement en regardant la taille d'un préservatif	☐
E	Un truc à faire du fric pour les psy	☐

Votre capital stupidité à présent : ☐ points

Corrigé

D et E sont tristes : bien que ces réponses soient vraiment nulles, rajoutez-vous 3 points et relevez le moral, queue diable. C, normalement, est trop compliquée pour être compréhensible à ce stade du livre. Mettez-vous 5 points si vous l'avez cochée, parce qu'il est douteux que vous l'ayez fait exprès.

A rapporte 2 points et B 3, parce que c'est une idée très stupide et très répandue en dépit de tous les efforts récents.

5 – Quand une femme vous dit : « C'est mon jardin secret », elle veut dire :

A	Qu'elle s'est fait épiler	☐
X	Qu'elle veut se faire prendre par-derrière	☐
C	Qu'elle cultive des pissenlits dans sa cave	☐
B	Attendez que mon mari soit parti	☐
D	C'est pas vos oignons	☐

Corrigé

Toutes les réponses rapportent 2 points, mais aucune n'est la bonne. En effet, il est impossible de savoir ce qu'une femme veut vous dire simplement en essayant d'interpréter ses paroles – ça dépend de tout un tas d'autres facteurs – d'autre part, elle a très bien pu lire l'expression « C'est mon jardin secret » dans un livre, sans en comprendre la signification mais en trouvant que ça faisait joli à dire quand on est encore habillée, ou au contraire déjà toute nue. Ce que « C'est mon jardin secret » veut dire, c'est la bouteille à l'encre.

Votre capital stupidité à présent : ☐ points

6 – Cherchez l'intrus :

A	Ovaire	☐
B	Petit bouton	☐
C	Gland	☐
D	Pistil	☐

Corrigé

« Petit bouton » n'est pas à sa place parmi ces termes botaniques, puisque c'est un terme de mercerie. Ceux qui l'ont coché se retirent 3 points. Ceux qui ont coché « Pistil » en jugeant que le fait d'uriner leur paraissait à côté du sujet marquent 5 points.

7 – Cherchez encore l'intrus :

A	Cravate de notaire	☐
B	Tablier de sapeur	☐
C	Feuille de rose	☐
D	Rosette de la Légion d'honneur	☐

Corrigé

L'intrus est « Feuille de rose », c'est la seule expression qui fait allusion au règne végétal. En D, le mot « Rosette » ne désigne absolument pas une petite rose ; ici, il ne désigne pas non plus une variété de saucisson, ni quoi que ce soit d'autre qu'un ornement décoratif honorifique. Ceux qui ont pensé différemment s'ajoutent 6 points.

Votre capital stupidité à présent : ☐ points

8 – Cherchez une dernière fois l'intrus :

A	Votre voisin à vous	☐
B	Son mari à elle	☐
C	Le commissaire de police	☐
D	La tenancière de l'hôtel qui vous demande si vous gardez la chambre encore une après-midi	☐
E	Votre belle-mère	☐

Corrigé

Ceux qui n'ont pas compris la situation gagnent 5 points. Ceux qui se sont dit : « Ça dépend » perdent 5 points d'intello. Ceux qui sont au poste ont appris ce qu'est un constat d'adultère. La bonne réponse était donc C, qui rapporte 4 points et une pension alimentaire. Aux autres, offrez donc quelques-uns de vos points. Il y a toujours moyen de s'arranger entre gens compréhensifs.

9 – Que répondriez-vous à la phrase : « Le sexe rend sourd » ?

A	Ça ne s'arrange pas, l'amour était déjà aveugle	☐
B	Non, pourvu qu'on ne se le laisse pas mettre dans l'oreille	☐
C	Oui, puisque les prothèses auditives sont bien plus perfectionnées que les gadgets de sex-shops	☐
D	Oui, si la femme crie trop fort	☐
E	Non, c'est le rock qu'on écoute avant	☐
F	C'est un malentendu	☐

Votre capital stupidité à présent : ☐ points

Corrigé

B et E rapportent 6 points de stupidité contemporaine. D, quoique présomptueux, vaut bien 2 points. F ne rapporte que 1 point, au bénéfice du doute. A et C perdent 5 points. Ou vous êtes indécrottables, ou vous êtes sourds.

10 – Parmi ces slogans, lequel est resté conforme à l'original ?

A	Le congrès ne vaut que s'il est partagé par tous	☐
B	Des chattes en forme, des chattes qui jouent	☐
C	Même mouillés, ils sont secs	☐
D	Chambre pour six, oh oui !	☐
E	Aux carrefours, je séropositive	☐

Corrigé

Plus 3 points à toutes les réponses, et relisez le test précédent sur la surdité. Non, pas le texte sur la stupidité, le test sur la surdité. Nous disons : LE TEST SUR... Oh, et puis zut !

Votre capital stupidité à présent : ☐ points

11 – Quand vous faites ces tests, vous aimeriez...

A	Qu'on vous corrige durement	☐
B	Corriger les autres, surveiller et punir	☐
C	Qu'on vous corrige plus durement que ça, qu'on vous humilie plus bas que terre, avec un fouet, des chaînes, oh oui, oh oui...	☐
D	Montrer vos résultats en hausse à tout le monde aux heures de pointe	☐
E	Comparer vos performances à celles des autres	☐
E	Vous faire aider par votre tante ou l'amie si gentille de votre mère qui a une si belle poitrine	☐

Corrigé

Ceux qui frissonnent à simplement lire le mot « Corrigé » peuvent le relire autant de fois que ça leur fait plaisir.

Aucune réponse ne rapporte de points. Ce test est un échantillon d'un livre actuellement en projet, *Testez et développez votre déviance sexuelle*. Ceux qui ont joui de ne pas avoir de points sont tout de même stupides, mais ils ne gagnent rien, parce que ce sont leurs passions qui les dominent et pas leur stupidité.

Me te vous les corrigerai, moi, tous ces dégénérés, tiens.

Votre capital stupidité à présent : ☐ points

La vie spirituelle

On appelle **vie spirituelle** toutes les formes d'activité qui concernent ce qu'on ne voit pas, mais qu'on soupçonne d'exister[1]. Par exemple l'esprit. Soyez tranquille, l'existence de l'esprit est, après deux mille ans de réflexions humaines, conjecturale (c'est-à-dire que personne n'a pu mettre la main dessus).

Les rites

Pour simplifier les difficultés inhérentes à la vie spirituelle, l'homme a inventé les rites. Un **rite** est une série de gestes et de paroles codifiés, réglés, bien définis dans leur aspect et leur contenu, qui doivent être faits dans les situations où on doit s'occuper de ce qu'on ne peut pas toucher.

Par exemple, une centrale atomique accidentée contient du plutonium dont on doit s'occuper sans pouvoir le toucher. Le rite consiste à filmer la centrale pour le journal de 20 heures, de préférence depuis un hélicoptère.

Autres exemples. Dans le cas d'un crime où on ne connaît pas l'assassin, les rites sont :

1. Ceci ne concerne pas l'espionnage. En effet, c'est l'inverse : on soupçonne qu'il n'existe pas, mais on le voit continuellement à la télé.

Votre capital stupidité à présent : [ ] points

• d'ordonner une enquête,
• de filmer les lieux du crime,
• d'interviewer les parents et amis divers.

Dans le cas d'un suspect dont on ne sait s'il est innocent ou coupable :

• d'ordonner un procès,
• de faire signer une pétition à Guy Bedos.

Dans le cas où on ne sait pas comment tournera le procès :

• inviter des journalistes,
• interviewer le garde des Sceaux.

Dans le cas d'une course de chevaux dont on ignore le gagnant :

• acheter un ticket de P.M.U.,
• lire *Bilto*.

Dans les cas plus généraux de l'avenir, qu'on ne connaît pas :

• consulter une voyante,
• regarder le bulletin météo.

Mais comme les domaines où les choses insaisissables avec les cinq sens se multiplient (grâce à la stupidité, il y a de moins en moins de choses saisissables), les rites se multiplient aussi. Attention, c'est comme les champignons, il faut savoir les reconnaître : certains sont autorisés, d'autres interdits.

Rites autorisés et rites interdits

Les interdits : préambule

Nous n'interdisons rien, nous ne sommes pas des fascistes. Mais attention aux fascistes ! C'est une sale race de cons qui a vite fait de vous entuber, les salopards. Il faut être to-lé-rant. Qu'on ne le soit pas est intolérable et nous ne le to-lé-re-rons pas.

Votre capital stupidité à présent : [   ] points

Qu'est-ce qu'une secte ?

Une secte est un petit ensemble de gens qui ont choisi de vivre différemment des autres, généralement comme **adeptes** autour d'un **maître**, et qui disent qu'ils ont le droit de vivre comme tout le monde. Nous disons bien, un **petit** ensemble de gens, c'est-à-dire de, mettons, dix à trois cent mille. Quand cet ensemble devient plus grand, on l'appelle un **phénomène de société**. Quand il est plus petit, et qu'il tombe jusqu'au minimum de trois (deux adeptes et un maître), on appelle le maître un **escroc** et ses deux adeptes des **victimes**. Quand le nombre des membres de la secte tombe à un, qui est à la fois l'adepte et le maître, on l'appelle un **fou**.

Les sectes interdites sont nombreuses, elles prennent pour thèmes les domaines les plus divers. Il existe des sectes à thèmes religieux, mais aussi culinaires, financiers, immobiliers, biologiques... et plus elles sont petites, plus elles sont interdites, par les plus grandes. En dernier ressort, les Eglises et les Etats peuvent intervenir. Les Eglises et les Etats ne sont pas des sectes. Ce sont des phénomènes naturels à toute société.

Nous ne nous croyons pas autorisés à parler des sectes, notre sujet étant simplement la stupidité.

Notre conseil :

Vous éviterez les sectes, sauf si vous en êtes déjà membre. Dans ce second cas, ce livre ne peut rien pour vous. Vous avez choisi d'augmenter et de développer votre stupidité par des moyens spécialisés. Que le grand Chakrâ de l'ère du Berceau soit avec vous, en

---

Votre capital stupidité à présent : [ ] points

attendant les Grands Anciens Extraterrestres Dépositaires de l'Oignon Sacré.

Les sectes s'adonnent à toutes sortes de choses, dont des cultes. Ceux-ci sont trop divers pour qu'on les expose ici, ce livre n'a pas la prétention d'être exostif. En plus, là, c'est **vraiment** impossible.

Attention, une seule précision : les films cultes ne sont pas des rites de sectes. Les adorateurs du Grand Requin Blanc, les disciples de la Force Djeddaïe et autres amis du Rocky Horror Show ne font pas partie de sectes. Entre eux, pour se reconnaître, ils s'appellent des Sinéfiles.

Les autorisés : qui adorer – les nouveaux saints ?

On peut adorer toutes les stars, vedettes, étoiles et personnalités en vue, par exemple celles qui tiennent un grand restaurant, comme Bocuse. Ces personnes font l'objet d'un culte. Leur origine peut être très variée, puisqu'il y a un culte aussi bien pour José Luis de Villalonga que pour Marthe de Villalonga (voir note page 118). Mais le plus souvent, et même invariablement, elles viennent plutôt des variétés, c'est-à-dire de la télé.

Les plus gros de ces cultes sont consacrés aux étoiles géantes mortes.

Les étoiles mortes

Comme Hubert Reeves l'explique fort bien dans ses cours d'astrophysique destinés aux enfants les soirs de pluie d'étoiles filantes (*Patience sur la 2*), la lumière d'une étoile morte nous parvient longtemps après qu'elle a disparu[1].

Exemples d'étoiles mortes : Elvis, Marilyn, James Dean.

1. L'étoile, pas la lumière. (*Note de l'autre auteur.*)

Votre capital stupidité à présent : [ ] points

Il est à noter que les étoiles géantes mortes de première grandeur sont nécessairement américaines. Les étoiles mortes européennes sont trop proches pour permettre un culte aussi grand. Ce sont simplement des vedettes disparues. Elles sont beaucoup plus petites, comme Edith Piaf, qui est une grande dame de la chanson, certes, mais qui arrive quand même à peine à la cheville de la poitrine de Marilyn.

Votre capital stupidité à présent : [ ] points

Quelques chiffres qui font rêver

Les étoiles mortes américaines ont droit...

Tous les ans	A un fils secret dans les journaux et à un livre consacré à la vérité de leur vie et de leur mort qui dit enfin tout ce qu'on a caché.
Tous les trimestres	A la rediffusion d'un film en rétrospective exclusive à la télé (en rotation, chaîne par chaîne et film par film). Afin qu'on n'oublie jamais.
Tous les quinze jours	A la publication de leur dernier disque, film, chutes de tournage, séances de photos. A la révélation de ce à quoi elles se consacraient les cinq dernières secondes précédant leur mort. A une page, une demi-page ou un cahier souvenir couleurs (quand ce n'est le tour ni du GATT, ni des affamés bosno-éthiopio-rwandais, ni des antiquités précolombiennes au Grand Palais) selon l'espace disponible dans un journal et un magazine sur 15.
Tous les jours	A la conception d'une page de publicité dont elles sont les héros pour des cigarettes, des voitures, des piscines, des fumeurs de cigarettes plongeant en voiture, etc.
Toutes les cinq heures	A la diffusion d'un Nouveau T-shirt original exclusif et à la réunion culturelle d'un de leurs fan-clubs à travers le monde.
Toutes les heures	A cinq lettres de stupides leur demandant une photo dédicacée.
Toutes les minutes de par le monde (Chine et Taïwan inclus)	A la fabrication d'un pin's et de dix cartes postales à leur effigie.

Votre capital stupidité à présent : [ ] points

Pourquoi surtout des morts ?

Les défunts sont beaucoup plus susceptibles de faire de bons objets de culte, parce qu'ils sont morts. Pourquoi ? C'est comme ça. Par exemple, il est évident que Charles Aznavour sera beaucoup, beaucoup plus grand mort que vivant. Pour d'autres raisons, Philippe Clay aussi.

C'est difficile à expliquer autrement que par l'habitude, et celle-ci est très ancienne. Par exemple, il est évident que Jésus-Christ lui-même a beaucoup moins bien marché de son vivant.

Une étude récente suggère que c'est parce que, une star encore vivante se donne la peine d'être vue, même en se faisant prier, tandis qu'une fois morte, non seulement l'adorateur doit tout faire soi-même, mais en plus ses bandes vidéo, disques, livres, photos dédicacées, cravates tachées, déclarations d'amour à Michel Drucker, duos avec Patrick Sébastien... sont beaucoup plus introuvables. Aussi cela peut-il faire l'objet d'un culte [1]. Enfin, on peut s'arracher sa compil, qui n'était pas complète avant.

Ce dernier détail est certainement déterminant : la différence entre un vivant du spectacle et un mort, c'est que le vivant a encore lui-même la faculté de faire des inédits, ce qui est à la portée du premier venu. Après sa mort, l'apparition d'inédits tient du miracle.

Les présentateurs morts

Les présentateurs de télé qui meurent sont assimilés à des membres de la famille (voir le chapitre sur la télévision). On compte les années qui nous séparent de leur disparition. Exemple : Saint Patrick Roy ❑ an(s) déjà. (Vous mettrez vous-même dans la case le chiffre

1. On obtient ainsi les films-culte, les interviews-culte, les émissions-culte, les séries-culte, etc. (il suffit de rajouter le mot « culte »). La mort de la Cicciolina donnera naissance au film de cul-culte.

Votre capital stupidité à présent : ☐ points

qui sera le bon à la date où vous achetez ce livre.) Ils ont droit à leur image pieuse pendouillant dans les wagons de métro et reproduisant la couverture des magazines télé de la semaine. Mais d'autres les remplacent. C'est la dure loi du spectacle. Ainsi soit-il.

Votre capital stupidité à présent : | | points

Bref tableau aide-mémoire des cultes contemporains

(par ordre croissant d'hommage, en temps d'antenne)

Mort d'un physicien découvreur vers 1912 de la nouvelle théorie des quanta.	Une brève (on ne savait même pas qu'il était né).
Mort d'un académicien nonagénaire.	Idem.
Mort d'un prix Nobel de Littérature.	Un petit reportage en images fixes avant la météo.
Mort d'un preneur de son tué au combat.	Un reportage juste avant la brève de l'académicien.
Mort d'un cameraman irradié sur un site ex-soviétique à la suite d'une septicémie.	Un reportage sur ses reportages depuis vingt ans.
Mort d'un auteur-culte de courts métrages hallucinogènes de 23 ans.	Une soirée-culte.
Un présentateur tarté à Cannes.	Une émission spéciale d'excommunication sur les trois chaînes [1].
Mort d'un pape.	Un mois-culte, sauf en cas de mort d'un deuxième pape la semaine suivante.
Mort d'un petit enfant dans une Vologne.	Quinze ans de culte sur la même photo.
Mort d'un motocycliste comique caritatif [2].	Un service d'adoration perpétuelle plus un amendement fiscal voté à l'unanimité.
Mort d'un pilote de course.	Voir page 9.
Mort d'un président de la République en exercice.	Selon mort par maladie ou attentat, cultes variables, mais internationaux.

1. Il n'est pas mort, mais il faut voir que c'est, en sa personne, toute la liberté d'expression qui agonise. Ah !
2. Son nom à l'instant nous échappe.

Votre capital stupidité à présent : [ ] points

Pour les morts non-médiatiques pris dans les terribles exigences de l'actualité, rappelons les systèmes de culte-minute par chapelles ardentes et ministres héliportés.

Ceux qu'on ne saurait pas dire s'ils sont encore vivants ou déjà morts

Exemples : Bernard Blier, Jean Carmet, Guy Lux, Léon Zitrone, Denise Grey, Alain Poher, Les Compagnons de la Chanson[1], Jean Le Poulain, Robert Manuel, Saturnin le canard. Pour ceux-là, vous surveillerez les journaux. Si, un jour, on parle d'eux comme les plus grands créateurs de leur siècle dans leur domaine, et aussi dans les autres, c'est qu'ils sont sans doute assez morts.

Les beaux et célèbres qui ont failli mourir

A peu près toutes les personnes célèbres ont failli mourir, certaines pour de bon, dans des accidents de voiture, rongées par un Mal Secret, ou suite à des intoxications par les coquillages. Maintenant elles vont mieux. Mais jusqu'à quand ? Vous ne manquerez pas de vous tenir au courant dans les journaux où on en apprend tous les jours[2].

Exemples (non exostifs) : Johnny Hallyday (123 rongeages de mal secrets, 18 accidents de moto dont 4 de voiture, 12 340 bulletins de santé) – Sacha Distel (Prix Nobel de conduite à côté de la place du mort dans un épisode tragique de *Chateauvallon*) – Georges Pompidou (un vrai bulletin de santé à la fin, le jour de sa mort) – France Gall (1 à 0).

1. Le doute à leur égard vient de ce qu'ils se sont longtemps renouvelés par tiers, comme les assemblées politiques.

2. *France-Dimanche*, le 8 octobre 1994 : « Diana violée. Et le pire est à venir ! » Comme quoi, chez les stars, le mieux n'est toujours qu'un prélude au plus grave.

Votre capital stupidité à présent : [   ] points

Les vivants riches, beaux et célèbres qui se portent bien

Il leur reste une grande partie des cultes. Ils font partie de ceux dont on peut dire « qu'ils ont tout pour eux ». On décide alors de leur en donner davantage pour voir s'il n'y a pas un moment où la coupe est pleine. Modèle : « Patrick Bruel en plein bonheur, mais jusqu'à quand ? »

Interlude :

Mettez ci-dessous les quatre noms de personnes célèbres que vous préférez et qui se portent vraiment bien.

1		☐
2		☐
3		☐
4		☐

Ceci n'est pas un test. Il ne rapporte que des satisfactions.

La preuve : ceux qui ne se sont souvenus de personne s'ajoutent 4 points. Ceux qui ont coché les cases devant les lignes vides gagnent 10 points. Ceux qui ont écrit « Jackie Kennedy » ou « Jackie Onassis » ne perdent rien, mais c'est bien parce qu'on arrive à la fin de ce livre. Ceux qui ont écrit « Claude François » gagnent 35 points.

Les autres

Les vivants divers un peu connus, mais moins beaux ou moins riches, sont moins sollicités. Sauf s'ils peuvent être « rongés par un mal secret », parce qu'ils risquent d'en mourir. Quand ce n'est pas le cas, ils apparaissent dans les hypermarchés au rayon Fromagerie pour stimuler les ventes.

Votre capital stupidité à présent : ☐ points

Pour améliorer les rendements (et les deniers) de culte, la plus récente trouvaille a consisté à lancer parmi ceux à qui leur culte rapportait le plus de deniers d'en donner un peu à ceux qui en ont bien besoin. On les appelle les **caritatifs**.

Leurs exemples immortels en France sont saint Coluche et saint Luron. Deux exemples pour l'histoire, afin qu'on n'oublie jamais [1]. Nous n'en dirons pas plus, et nous invitons l'assistance à une minute de silence.

Les nouveaux cultes et la nouvelle liturgie

Pour finir ce chapitre liturgique sur une note moins triste, nous avons la joie de vous annoncer un cadeau gratuit de ce livre : vous trouverez en annexe le tableau des nouvelles liturgies à suivre pour n'être pas incivique.

En effet, les nouveaux cultes n'ont pas encore leur calendrier parfaitement établi. Il fallait combler cette lacune.

Et, avant le test de récapitulation, un autre cadeau gratuit : 15 points de bonus à tous nos lecteurs, pour les remercier de tant d'efforts de progrès.

1. Saint Luron n'est pas à proprement parler un caritatif, mais ne le faites pas remarquer. Souvenez-vous de ce que nous vous avons appris pour Senna (rappelez-vous, page 9 et suivantes). Ce qu'il faut dire : « Tout de même, il est mort, et puis il avait l'air si bon enfant, que s'il ne l'a pas été, il aurait pu en être. » C'est simplement parce qu'il est mort un peu avant la mode du caritatif, qu'il n'a pas pu donner sa pleine mesure aux côtés de Line Renaud, qu'il aimait tant. Ah, ce que c'est que de nous. Et puis, tout de même encore, il avait été marié. A saint Coluche. Un couple comme on n'en verra plus. Comme l'a dit un présentateur, un soir d'anniversaire à 20 heures : « Il faut espérer qu'ils nous regardent, de là-haut. »

Votre capital stupidité à présent : [ ] points

SEPTIÈME PARTIE

Suite et fin

Tests de récapitulation

Vous voici presque à la fin de votre voyage. Normalement, vous devez déjà ne plus savoir faire la différence entre une Danette et une Banette, être bien sûr que Fleury-Michon vend des voiliers, savoir que les prochains jeux d'hiver se dérouleront soit à Kandinski (en Normandie), soit à Rimsky-Korsakov (dans l'île de Beauté), et pouvoir dire en un clin d'œil, entre Eric Tabarly et Gérard d'Aboville, lequel des deux rame le plus dans « Sacrée Soirée ».

Pour parfaire votre entraînement et pour mesurer vos progrès, voici la dernière série d'exercices. Nous amorçons notre descente finale. D'ores et déjà, nous espérons que vous avez passé un agréable moment en notre compagnie, et nous espérons vous revoir bientôt sur nos lignes. En attendant, veuillez suivre attentivement les démonstrations de gilets de sauvetage. En cas d'avarie, les masques à oxygène tombent automatiquement à votre portée. *In case of emergency, they fall automatically within your reach.*

Ceux qui se sont mis à crier et ont réclamé l'hôtesse en lisant le paragraphe gagnent 10 points.

Ceux qui se sont réveillés en sursaut en se disant qu'ils ont raté le début du film gagnent 15 points.

Ceux qui ont cherché la commande pour zapper parce qu'ils détestent ce film et qu'ils l'ont déjà vu, celui-là, gagnent 30 points.

Votre capital stupidité à présent : [ ] points

Veuillez désarmer les toboggans[1].

VOCABULAIRE

1 – Complétez cette série de mots : chat, belette, petit lapin...

A	Fontaine	☐
B	Chantal Goya	☐
C	Bon gueuleton	☐
D	Crazy Horse	☐
E	Les politiciens, c'est tous crapules et compagnie	☐

Corrigé

A : - 5 points. B : + 3. C : + 4. D : + 1. E rapporte jusqu'à 10 points, mais nous ne savons pas plus que vous pourquoi.

2 – Dans cette série de mots, lequel n'est pas à sa place ?

A	Pomme	☐
B	Poire	☐
C	Scoubidou	☐
D	Disque	☐

1. Excusez-nous, cela nous est venu comme ça. Si vous le permettez, nous nous ajoutons 2 points. Et, puisque nous y sommes, notez que la température extérieure est de 22 degrés.

Votre capital stupidité à présent : ☐ points

Corrigé

Ceux qui n'ont pas trouvé quoi cocher, et qui restent perplexes depuis trente-cinq minutes parce qu'ils ont beau chercher, rien ne cloche, se rassurent et gagnent 5 points. Tout est bien qui finit bien. Tous les autres perdent 1 point.

3 – Complétez ce texte :

« *Longtemps, je me suis couché de bonne heure. Parfois, à peine ma bougie éteinte, mes yeux se fermaient si vite que je n'avais pas le temps de me dire : je m'...* »

A	Emmerde	☐
B	En fous	☐
C	Endors	☐
D	Excuse	☐
E	Enrhume	☐
F	Enfilerais bien la bougie	☐

N. B. : Ceux qui se sont endormis à la lecture de la phrase ajoutent 4 points.

Corrigé

Ceux qui connaissent l'auteur du texte perdent 50 points (ne trichez pas !). C'est dur, mais après tous les exercices qu'on vous a fait faire, vous devriez en être à ne même plus vous souvenir de votre adresse.

Ceux qui ont coché la case F enlèvent 20 points mais quittent le livre pour l'instant. Revenez calmés.

Votre capital stupidité à présent : ☐ points

4 – Complétez cette phrase : « Bécassine, c'est ma... »

A	voisine	☐
B	copine	☐
C	cousine	☐
D	cocaïne	☐
E	chanson préférée de Dorothée	☐
Z	hantise	☐
F	meuf	☐

Corrigé

Ceux qui ont coché Z auraient dû voir qu'on tâchait de les aider. Ça ne rime pas, et ce n'est pas très gentil pour Bécassine, n'est-ce pas, mes petits amis ? Ceux qui ont coché B, C ou D sont bien sûrs d'eux et de leur mémoire. Ils perdent 2 points. Ceux qui ont coché F ne perdent rien, mais ne gagnent rien non plus. C'est pas de chance pour eux, c'est tout, mais après tout il y a bien des femmes qui s'appellent Narta, alors. Il faut être tolérant. Avec nos condoléances d'être si mal tombés. Qu'est-ce qu'on doit leur faire endurer au bureau !

La meilleure réponse était E, parce que, d'ordinaire, il nous semble que c'est la délicieuse Chantal Goya qui couine ça. Ils gagnent donc 5 points. Et tout le monde tape dans ses mains, même les non-gagnants.

Votre capital stupidité à présent : ☐ points

ASSOCIATION D'IDÉES

1 – « Ce soir j'attends Madeleine » vous fait penser à :

A	Madeleine	☐
B	Marcel Proust	☐
C	Des moules et puis des frites	☐
D	Une brèle	☐
E	Putain avec vos conneries, je me suis foutu en retard !	☐

Corrigé

A rapporte 3 points. B en fait perdre 15. Vous paraissez incorrigible, vous. C et D ne rapportent que 2 points. E dénote un certain agacement ; ce n'est pas de bonne camaraderie. Madeleine peut bien vous attendre un peu, tout de même. Et puis, vous le savez bien, toutes les semaines, c'est pareil. Elle ne viendra pas, là !

C'est vrai tout de même, il fallait bien que quelqu'un vous le dise un jour. Allez, sans rancune. Non mais bon, c'est pas si grave que ça, quand même. Non mais, arrêtez... Ne vous mettez pas dans des états pareils. C'est pas elle, d'ailleurs, vous savez ; c'est plutôt la faute à ses cousins. Vous savez comment c'est, chez ces gens-là... Alleï, t'es pas tout seul, Jef, arrête de sangloter comme ça. Tiens, prends 3 points de consolation.

Votre capital stupidité à présent : ☐ points

APTITUDE SÉMANTIQUE

De toutes ces notions, quelle est celle qui contient le plus de noir ?

A	Le café au lait	☐
B	L'Afrique du Sud	☐
C	Le cafard	☐
D	« Noir c'est noir »	☐
E	Un zèbre	☐
F	Un grand échiquier	☐

Corrigé

Ce test ne compte pas. La Commission internationale des testeurs de tests nous le refuse. Selon les experts il serait plein de notions impossibles à comparer entre elles. Nous, ça ne nous gênait pas. Vous non plus ? C'est comme ça. Enfin, maintenant qu'il est fait, vous n'avez qu'à mettre 1 point partout.

Ah, au fait : tous ceux qui avaient compris l'intitulé de la rubrique se retirent évidemment 5 points. On a failli oublier !

Votre capital stupidité à présent : ☐ points

COHÉRENCE DU JUGEMENT

Choisissez la phrase qui, selon vous, est le mieux en rapport avec le proverbe « Pierre qui roule n'amasse pas mousse » :

A	Les Rolling Stones ont ramassé un max de blé	☐
B	Pierre m'a roulé, mais je ne le fais pas mousser	☐
C	Quiconque change sans arrêt de position ne peut rien mener à bien	☐
D	Pousse Mousse, c'est bien plus malin pour se laver les mains	☐

Corrigé

Ceux qui ont coché la proposition D marquent 4 points, et 8 s'ils la chantonnent.

C : - 4 points. B : + 3 points. A : + 3 points. Pas d'explications. On arrive à la fin du livre, il est de moins en moins nécessaire de comprendre. Au contraire.

Votre capital stupidité à présent : ☐ points

PARTICIPATION AU MONDE CONTEMPORAIN

Voici un titre de magazine : « Lady Diana en plein désarroi pour ses 33 ans. » Votre réaction :

A	C'est bien jeune pour être triste	☐
B	C'est triste comme anniversaire	☐
C	Ne sois pas triste, Diana, à ton âge on a la vie devant soi	☐
D	A son âge, c'est foutu, elle retrouvera jamais une aussi bonne situation	☐
E	C'est vrai qu'elle est tapée, comme le temps passe, j'aurais dit moins	☐
E bis	Ça se comprend, elle ne sait plus qui inviter autour du gâteau	☐
F	Mon Dieu, il me semble que je l'ai vue naître	☐
G	Qu'ça peut me foutre, merde ?	☐
H	C'est bien la preuve que les Anglais sont tous des pédés	☐

Corrigé

Mis à part l'avant-dernière réponse, G, qui est d'un grincheux irrécupérable (mais encore, c'est un choix, tout le monde est libre), toutes les autres réponses sont bonnes et rapportent 4 points. Vous voyez que vous progressez. Surtout si vous avez répondu F, qui, lui, rapporte un bonus de 6 points.

Mieux encore : comptez 12 points de plus si vous avez coché au hasard, et 15 points supplémentaires si vous vous êtes endormi sur la page.

Votre capital stupidité à présent : ☐ points

SANTÉ

1 – Vous vous êtes coupé le doigt. Chez le pharmacien, vous demandez...

A	Du Guernica	☐
B	De l'Arnica	☐
C	De l'Ornicar	☐
D	Un harmonica	☐
E	Du pchit-pchit en bombe pour les coupures	☐

Corrigé

A rapporte 5 points, C 2 points, D 3 points et E 4 points. B enlève 2 points. Et pas la peine de vous expliquer l'ordonnance. Votre pharmacien vous donnera ce qu'il faut.

2 – Votre médecin vous donne un arrêt de travail parce que vous vous plaignez de la poitrine. Il vous a dit ce que vous aviez, mais vous avez oublié le nom. Vous avez plutôt :

A	Une plume au nid	☐
B	Une pneumonie	☐
C	Un pneumothorax	☐
D	Un poumon d'acier	☐
E	Une scoliose	☐
F	Un simple refroidissement	☐

Votre capital stupidité à présent : ☐ points

Corrigé

F est la bonne réponse : + 2 points (il ne faut jamais dire la vérité à un malade condamné, il risquerait de s'effrayer en comprenant de travers). Les autres mots, vous les avez lus dans *Top Santé*. Chaque autre case rapporte donc 4 points. Sauf la première, qui rapporte 6 points, pour avoir confondu *Top Santé* et *Terre Sauvage*, qui ont les mêmes initiales.

ACCUEIL INTELLECTUEL

1 – « Le père Noël n'existe pas[1]. » Cette affirmation vous paraît-elle :

A	Vraie	☐
B	Fausse (parce que, en fait, c'est une ordure)	☐
C	Méchante	☐
D	Hypothétique (on n'a jamais rien pu prouver contre lui)	☐
E	Vraie pour les clients, fausse pour les directeurs de grands magasins	☐

Corrigé

Ceux qui ont coché A perdent 5 points ; ne soyez pas si sûrs de vous. B fait perdre 2 points aussi. C rapporte 3 points. D est trop savant : – 2 points.

E fait perdre 10 points. Quelle hécatombe. J'espère

1. Ceux qui pleurent parce qu'ils viennent d'être saisis d'un doute affreux, et qui n'ont pas compris que c'était le début du test prennent 5 points de réassurance. Ce n'est qu'un jeu, cela n'a pas de valeur contractuelle. Peut-être qu'il viendra cette année encore.

Votre capital stupidité à présent : ☐ points

que vous avez gardé votre joker. Le voici : si vous n'avez pas compris la proposition E, ajoutez-vous 2 points. Si vous l'avez cochée quand même, ajoutez encore 4 points.

Ceux qui sont en train de calculer comment truquer leurs résultats enlèvent 4 points. Ceux qui ne comprennent pas la phrase précédente ajoutent 4 points.

2 – Réagissez à ces nouvelles :

Nouvelle	Oui	Non	C'est bien possible, pourquoi pas ?
Le père de Jean-Luc Lahaye est Alain Barrière	☐	☐	☐
Le père de Bruno Masure est François Chalais	☐	☐	☐
Le vrai nom de François Perrier est François Volvic	☐	☐	☐
Le vrai nom de Nana Mouskouri est Nouri Moussaka	☐	☐	☐
Le vrai nom de Lénine est Peter Ustinov	☐	☐	☐
François de Closet a failli s'appeler Walter	☐	☐	☐
Plusieurs milliers de Français s'appellent aussi Jacques Martin	☐	☐	☐
Jean-Pierre Pernod est le fils naturel de Michel Péricard	☐	☐	☐
Jean-Pierre Foucault a fait breveter un modèle de pendule	☐	☐	☐

Votre capital stupidité à présent : ☐ points

Corrigé

Là, c'est très simple : si vous avez bien lu ce livre, pas d'hésitation, vous savez qu'il est bon de répondre toujours oui (ce qui rapporte 2 points), mais qu'il est encore meilleur de répondre : « C'est bien possible, pourquoi pas ? », car le titre du test était là pour vous aider : l'accueil intellectuel, (souvenez-vous, c'était au début de ce livre, eh oui, un an déjà) est le réflexe de répondre « Pourquoi pas ? » à tout. Chaque « Pourquoi pas ? » vous rapporte 5 points. Ceux qui demandent pourquoi perdent 3 points. Et nous leur répondons, tranquillement : « Pourquoi pas ? »

3 – Il vous est déjà arrivé de :

A	Essayer de napper votre dessert avec du Fabulon	☐
B	Essayer de tagger un mur avec une bombe de laque à cheveux	☐
C	Presser votre tube de mayonnaise sur votre brosse à dents	☐
D	Essayer de braquer une banque de données	☐

Corrigé

Chaque effort coché rapporte 5 points. Ceux qui ne savaient pas qu'ils pouvaient cocher tout ce qu'ils ont essayé gagnent 10 points. Ceux qui n'ont rien coché perdent 2 points.

Notre conseil : ça traîne, votre entraînement, ça traîne. Essayez un peu d'y mettre du vôtre, je ne sais pas, moi, essayez de réserver une chambre-étape à l'hôtel de la Monnaie, ou de rejoindre Rome par le boulevard des Italiens, protégez les seringues saines

Votre capital stupidité à présent : ☐ points

des veines infectées avec des préservatifs, mais faites quelque chose !

SENS CIVIQUE

Les Droits de l'Homme sont une idée :

A	Oui	☐
B	Française	☐
C	De plus en plus répandue	☐
D	Fixe	☐
E	Qui fait son chemin	☐
F	Serbe	☐
G	Générale	☐
H	A conserver précieusement sans y toucher	☐

Corrigé

Tous ceux qui ont ri en lisant une ou plusieurs des réponses proposées perdent 10 points. Ceux qui ont trouvé ce test scandaleux parce que, tout de même, il y a des choses avec lesquelles on ne rigole pas gagnent 10 points.

Tous les lecteurs à longue chevelure romantique ayant pour initiales B.H.L. gagnent 15 points de sympathie à l'occasion de ce test.

Ceux qui n'ont pas pu faire le test parce qu'ils ignoraient que « droits de l'homme » est la façon ordinaire d'écrire « droidlom » gagnent 5 points.

Votre capital stupidité à présent : ☐ points

SENS DE L'INITIATIVE CONTEMPORAINE

Un centre mondial de la Paix s'ouvre à Verdun. Vous trouvez l'endroit bien choisi et vous décidez, sur ce modèle, d'ouvrir d'autres centres (cochez autant de cases que vous jugerez bon de le faire) :

A	Un centre mondial de l'Agriculture biologique à Tchernobyl	☐
B	Un centre mondial de la Médecine douce à Hiroshima	☐
C	Un centre mondial de la Culture et du Patrimoine universel à TF1	☐
D	Un centre mondial de l'Intelligence Artificielle à Bruxelles	☐
E	Un centre mondial de la Sculpture classique et de l'Archéologie crétoise à Euro Disney	☐
E	Un centre mondial pour la Rock-music à Salzbourg	☐
E	Un centre mondial du Silence à Roissy	☐
E	Un centre mondial de la Couche d'Ozone à la station R.E.R. Châtelet-les-Halles	☐
E	Un centre mondial Mozart à Liverpool	☐
F	Un centre mondial de la Probité à l'Assemblée nationale	☐
G	Un centre mondial de l'Horticulture et de l'Art des jardins à Manaus	☐
H	Un centre mondial de la Monogamie et de la Haute Fidélité à San Francisco	☐
E	Un cercle mondial pour le Désarmement en orbite autour de la Terre	☐
I	Un centre mondial de l'Humanité sur la planète Pluton	☐

Votre capital stupidité à présent : ☐ points

Corrigé

Toutes les réponses rapportent 2 points. C'est une surprise pour votre persévérance dans l'effort. Il est vrai que nous arrivons nous aussi à la fin de vos peines.

Dernières lignes droites : tests pour ainsi dire sans mots

SENS DE L'ESPACE

Parmi les figures suivantes, laquelle est la plus ronde ?

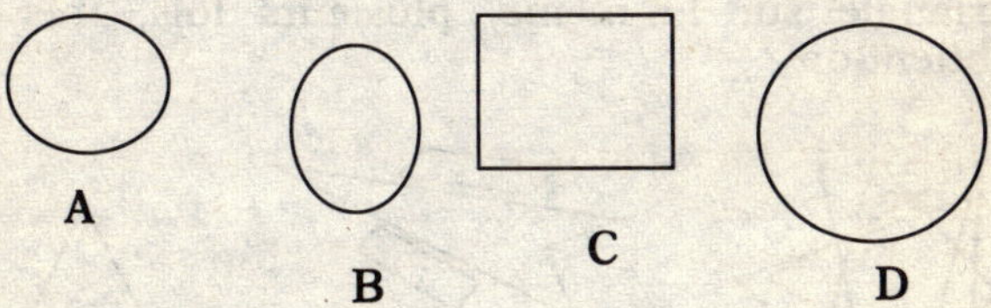

A	
B	
C	
D	
E	C'est un piège

Corrigé

E perd 4 points, petits méfiants. Les trois autres réponses A, B, D se valent : 2 points pour chacune. C, tout de même est un peu risqué. Comment allez-vous différencier votre plateau-repas des choses qu'il faut mettre dessus ? 1 point de moins. Vous n'êtes peut-être pas bien dans votre assiette. Arrêtez un moment la lecture de ce livre, et recommencez à fixer la télé. Le truc carré, en face de vous. Non, devant, pas sur le livre.

Votre capital stupidité à présent : [ ] points

RAISONNEMENT GÉOMÉTRIQUE

1 – Reconnaissance des formes

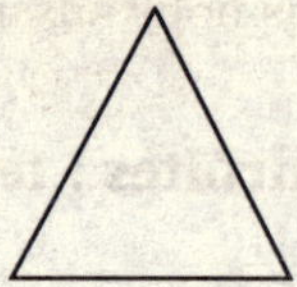

Voici un triangle

Ceux qui apprennent pour la première fois que c'est le nom géométrique de certains panneaux de signalisation gagnent 20 points. Cela étant, si l'on fait tourner ce triangle sur lui-même, plusieurs fois, très vite, qu'obtient-on ?

a

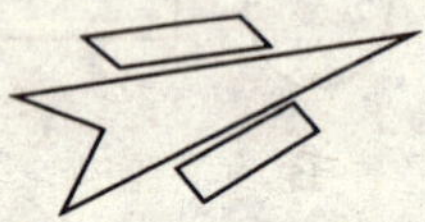

b

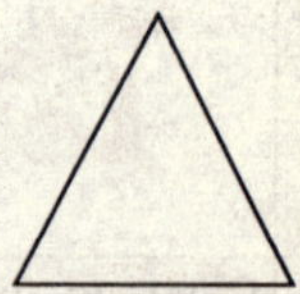

c

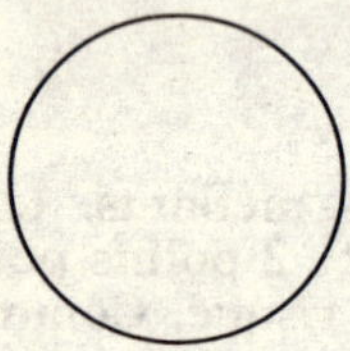

d

Un PV pour excès de vitesse

e

Corrigé

A : + 1 ; B : + 2 ; C : - 5 ; D : + 1 ; E : + 10.

Votre capital stupidité à présent : ______ points

2 – Examinez le dessin suivant. Pour vous, il signifie plutôt :

A	Attention...	☐
B	M'sieu, m'sieu, moi j'sais m'sieu !	☐
C	Dieu te cherche	☐
D	Faut voir ça avec Ducon, là-haut, moi ça me regarde pas	☐

Corrigé

A : + 1 ; B : + 2 ; C : + 2 ; D : + 3.

3 – Complétez la série :

A B C D E

Corrigé

Calmez-vous. Ne pleurez plus, mouchez-vous. Làà. C'est fini, c'est le dernier. Ceux qui n'ont rien compris à tous ces doigts et qui n'ont rien coché gagnent 10 points. Les autres ne perdent plus rien, c'est trop tard. C'est l'heure de faire les comptes.

Votre capital stupidité à présent : ☐ points

Évaluation finale

> **Attention !**
>
> Si vous feuilletez ce livre avant de l'avoir lu (surtout avant achat), ne lisez pas plus loin pour le moment. Vous prendriez peur pour rien. La lecture des lignes suivantes suppose qu'on ait suivi l'entraînement de tout le livre.

Entre – 2 000 et – 500 points

Sauf votre respect, ce livre n'est pas fait pour vous, Votre Sainteté. C'est le camérier qui a dû le laisser traîner par hasard. C'est un péché de sa part. Nous veillerons à ce que cela ne se reproduise plus. Amen.

De – 499 à – 100 points

Nous sommes vraiment navrés pour vous, madame, monsieur, mais il est à craindre que vous ne puissiez jamais vous débarrasser des séquelles de votre doctorat en métaphysique et patristique, et des cinq chaires de

---

Votre capital stupidité à présent : [   ] points

docteur *honoris causa* dans différentes universités du monde entier. Il vous sera (mieux vaut être franc avec vous, vous êtes assez intelligent pour comprendre ça), il vous sera impossible, ou en tout cas très difficile de demander votre chemin à un homme de la rue. Vous devriez penser à vous assurer les services d'un interprète. C'est peut-être un comble, mais avec le foisonnement de ces imbéciles, que voulez-vous que je vous dise, c'est dialectique, ça, vous savez aussi bien que moi ce que ça veut dire, c'est eux qui ont le dessus. Et pour quatre ou cinq siècles. Non, inutile d'écrire un opéra là-dessus. Ou alors en bandes dessinées. Mais pas d'allusions en araméen ou en sanscrit.

Ne parlez qu'à vos confrères, de préférence de l'Académie ou du Quai. Cherchez une retraite dans le Bordelais, à côté de la vieille maison de notre excellent ami commun Mauriac, par exemple, c'est calme.

Ah, surtout pas de télévision, même pas après 10 heures. N'ouvrez jamais vous-même votre courrier. Un mailing avec offre spéciale, et vous nous faites une embolie.

Peu à peu votre renommée mondiale dans les milieux savants va tomber dans l'oubli, avec les milieux savants. Dans cinquante ans, personne ne pourra plus parler de l'hyperdulie, ni de l'époché husserlienne, et on ne saura même pas qu'on l'ignore. Pour vos loisirs ? Pff... Vous parlez italien, latin et polonais ? Vous pouvez toujours essayer de devenir pape.

Autour de 0 (de – 10 à + 20)

Vous n'avez pas vraiment cru à ce livre. Vous l'avez plutôt lu parce que vous voyiez beaucoup de monde autour de vous le lire et faire ses exercices. En fait, vous avez acheté un best-seller, plus parce que c'est un

---

Votre capital stupidité à présent : [ ] points

immense succès que parce qu'il vous intéressait : vous avez craint de rater le prochain train. C'est ça, hein ? Avouez-le, parce que des résultats si soigneusement maintenus dans la moyenne ne peuvent pas tromper des experts. Vous vous êtes débrouillé, cette fois comme toujours, pour rester mi-chèvre mi-chou, bien dans la norme, parce qu'on ne sait pas comment le vent peut tourner, et qu'il faut tout prévoir. Alors, pour ça, on triche aux tests, on regarde les corrigés, on s'arrange, et allez donc ! Oh, mais on vous connaît. Vous êtes quelque chose comme sous-secrétaire de cabinet au ministère des Environs et Périphéries limitrophes, chargé des problèmes voisins. Vous avez démarré petit, et vous faites votre petit chemin de petit calculateur, pas plus stupide que vous et moi, pas plus futé non plus, mais rusé, la petite canaille. Toujours un calcul qui se veut malin derrière la tête. Pas vous qui diriez du mal d'Ayrton Senna à la cantine devant l'énarque, hein, pas si bête. Là vous avez vu votre ministre de tutelle lire le livre, alors forcément, toc ! pour se faire bien voir, on s'avale le bouquin. Mais bien sûr aussi, on n'est jamais assez prudent, on se méfie de tout, confiance en personne.

Et ça fait vingt ans que vous ne ratez pas un courant d'opinion, que vous avancez petit à petit, toujours bien vu de vos chefs, toujours serviable. Faux-cul, va ! cafard ! Des petits arrivistes étriqués comme vous ne peuvent pas cacher longtemps leur jeu. Et dès que l'époque est à la stupidité, va que je fais l'âne juste comme il faut, pas trop, pas trop peu, le bon élève moyen, toujours pour plaire à ses chefs, ne déranger personne, pondre la note de service qu'il faut, avoir l'air de celui que tout intéresse. Mais rien ne vous intéresse vraiment. Même pas l'avenir de l'humanité. Il n'y a que vos petites tactiques, vos petits bénefs. Crapule,

---

Votre capital stupidité à présent : [   ] points

va ! espèce d'assuré tous risques ! Mauvais Français ! On ne vous salue pas.

De 20 à 25 points

Ne pleurez plus. Bien sûr, vos résultats ne sont pas formidables. Mais vous avez fait ce que vous avez pu. Votre problème, rassurez-vous, ce n'est pas que vous soyez supérieurement doué pour l'intelligence. Bien au contraire (et cela devrait vous consoler). C'est que vous êtes tellement stupide que vous pensez que l'intelligence sert encore à quelque chose. Ce qui est un comble, c'est qu'au fond vous êtes plus doué pour la stupidité que les autres. Vous voyez bien. Mais voilà, toujours à vous interroger, à vous faire une montagne de petits riens, par exemple le nucléaire (on dit le nucléaire, mais c'est un exemple, on aurait pu dire le chômage. Mais non il n'y en a pas un plus stupide que l'autre, voilà que ça recommence, vous voyez comme vous êtes). Donc le nucléaire. Toujours à vous demander si vous achetez les bonnes salades, les bons magazines, s'il faut réhabiliter les sales bêtes comme les araignées et les serpents au nom des droits de l'homme et de balancer pour savoir s'il est plus stupide d'aller à la manif, de ne pas y aller ; savoir laquelle choisir, celle des pour, celle des contre. Mais non, on ne dit pas ça parce que vous avez votre bac. C'est rien, ça, ça va passer. Vous êtes jeune. Oui, Bac plus 15 ; mais il y en a des millions comme vous dans la coordination.

Bon, notre conseil : recommencez ce livre. Achetez-en un autre exemplaire, dans six mois après un bon semestre télé et des vacances au camping. Vous verrez. Vos scores s'envoleront bien un jour. Ce ne doit pas être une angoisse de ne plus rien comprendre, ce doit

---

Votre capital stupidité à présent : [ ] points

être une joie. Vous allez ruiner votre vie à vous faire tant de mauvais sang non contaminé.

De 26 à 164,5 points

Vous êtes en prise dans votre temps, madame. Votre loge de concierge, c'est certain, vous favorise. Mais vous avez aussi des dons. C'est naturel, chez vous.

Votre couleur : le rouge. Votre chiffre : le 7. Attention aux trigones de Jupiter dans les Gémeaux, vous savez que c'est mauvais pour votre Neptune Natal. Surveillez votre santé. Vous êtes à la croisée des chemins. Demain, ne ratez pas l'affaire exceptionnelle que vous proposera le télé-achat : 13 assiettes à l'effigie de Lady Diana pour le prix de 12. Et les petits-enfants de votre cousine, ça va ? Votre grand fils, toujours vigile ? C'est ce qu'il faut. Et les travaux pour réparer le plafond de votre cuisine, toujours du retard ? Ah la la... Ah, avant qu'on oublie : vous épouserez bientôt un boucher, c'est nous qui vous le disons. Il y a des poils dans la main qui ne trompent pas.

Si vous êtes un homme, et que vous lisez ce texte avec perplexité depuis le début, rassurez-vous, nous ne vous avons pas oublié, c'est que vous êtes le boucher. S'il en était autrement, vous avez fait une erreur de compte dans vos points. Si, si, recalculez. C'est forcé. Il n'y a pas moyen de gagner un demi-point où que ce soit dans ce livre.

De 165 à 166 points

Si vos résultats vous font entrer dans cette catégorie tout à fait particulière, rajoutez-vous 1 point. Rien n'est prévu pour cette tranche de résultats.

Votre capital stupidité à présent : [ ] points

De 167 à 480 points

Bravo. Vous êtes des millions comme vous. Vous assurez l'avenir de la nation. Une nation ? Eh bien, c'est... comment vous dire ? Tenez, c'est comme une station de métro (métro Nation, vous vous souviendrez ? c'est facile, ça va à Charles de Gaulle) : plein de gens pressés, qui changent à la prochaine. Mais vous êtes bien dans le bon tunnel. Attention, n'achetez pas votre ticket à un revendeur à la sauvette, vous risquez de le payer plus cher et d'être en infraction en l'utilisant. Nos conseils : attachez votre ceinture. Aidez Paris à rouler. Positivez. Veillez à ce qu'on n'oublie jamais. Sauf en vacances : oubliez tout, même le Stepper, sauf le préservatif. Et surveillez les sondages : vous vous y reconnaîtrez certainement. Nous ne pouvons pas vous dire dans quelle colonne.

Au-delà de 500 points

T'as un Tuc, ou un C.E.S. ? T'as rien ? T'as une meuf ? T'as de la drepou ? D'où tu es ? Montfermeil ? Drancy ? C'est comment, là-bas, y a des posses ? Tu sais reli ? Où tu as appris ? En lisant les paroles de Maîykeul Jackson, c'est pour ça que tu as un accent ? Ça t'a plu, cette expérience pour les jeunes ? Tu préférerais un stade ? Ou un parking ? C'est cool. OK, OK, te fâche pas. D'accord, je nique ma mère, OK, je m'arrache, d'ailleurs faut que j'y aille. A plus.

Au-delà de 1 000 points

Vous pouvez parler ? Si oui, dites-nous quelque chose. Sinon, faites des gestes avec les mains. Bien !

Votre capital stupidité à présent : [ ] points

Très bien. Comment avez-vous eu l'idée d'écrire sur ces pages ? Où avez-vous trouvé ce livre ? Ces feuilles, là. C'est un livre, ça. Non, ça, là. Tu sais ce que c'est qu'un livre ?

Tu as un nom ? Comment tu t'appelles ?

Toi, nom ?

Bon.

Au-delà de 2 500 points

Votre Sainteté, sauf votre respect, ce n'est pas bien ce que vous faites. Non seulement vous avez repris le livre du camérier, mais encore, vous avez essayé de tricher. Vous faites beaucoup de peine à la Vierge Marie, vous savez. Et puis vous avez du travail, vous devez essayer votre nouvelle voiture blindée dans deux minutes.

Si vous avez coché au hasard toutes les réponses de ce livre :

Vous êtes très doué pour relancer l'économie mondiale. Et puis surtout, nous sommes ravis de vos aptitudes, et nous espérons, cher ami, que le jeu de ces pages t'a plu. Tu aimeras certainement le recommencer. Alors n'hésite pas : achète vite un ou, pourquoi pas, plusieurs autres exemplaires de ce livre. N'est-ce pas que c'est amusant de cocher ?

Attention. Ne te trompe pas. Le même livre, avec la même couverture, tu te souviendras ? Tu as peur d'oublier, tu veux qu'on te l'écrive ?

Découpe ce bon. Continue bien tes exercices, coche les cases au hasard.

Votre capital stupidité à présent : [ ] points

Cher libraire,

Merci de bien vouloir m'aider à effectuer mon achat chez vous.
Je désire [1] [10] [20] [50] [100] exemplaire(s) du livre suivant :

TESTEZ ET DÉVELOPPEZ VOTRE STUPIDITÉ SANS PEINE

des excellents Talleyrand et Gary,
Editions J'ai lu.
Je règle ❑ au comptant ou ❑ par chèque bancaire ou, si insolvable, ❑ par retenue à la source de mes revenus.

Et puis tant que vous y êtes, mettez-m'en le double.

Signature ou croix :

Votre capital stupidité à présent : [   ] points

Test ultime

1 – Savez-vous cocher les cases ?

Oui		Non	

2 – De ces deux cases, cochez la case oui.

Oui		Non	

3 – Complétez la série

...		Non	

DERNIER TEST

Ayastygah tertrgyaf yeyistrufi bicuknxstrtt. Yowidu gorlo ?

Ogu		Nok	

Votre capital stupidité à présent : [ ] points

Les chapitres auxquels vous avez échappé

« Qui ne sut se (...) ne sut jamais écrire »
La Comédie humaine - t. LXII, BALZAC

Nous l'avons dit dès les premières pages : nous n'avons pas eu la prétention d'être exostifs. C'est pourquoi de très nombreux domaines, pourtant riches en gisements de stupidité, ont été omis. La place aurait manqué, et les instructions de notre éditeur (à qui nous adressons ici nos salutations les plus respectueuses) étaient précises concernant le nombre de pages. De toute façon, vu l'efficacité de l'entraînement proposé, vous n'auriez pas tout lu.

Sachez néanmoins que nous disposons aussi des chapitres suivants :

- stupidité et art contemporain (y compris littérature et cinéma) ;
- stupidité et Finance ;
- stupidité et Education nationale (deux tomes) ;
- stupidité et animaux domestiques ;
- stupidité, vacances et loisirs ;
- stupidité et sciences (qu'elles soient exactes ou humaines) ;
- stupidité et vie conjugale ;
- stupidité, parapsychologie et ésotérisme ;
- stupidité, droit et justice ;
- stupidité, chasse, pêche et traditions ;

- stupidité et informatique ;
- stupidité et cérémonie de l'apéritif en famille.
- stupidité et exclusion (chapitre exclu).

Ces chapitres feront l'objet d'une publication ultérieure, une fois que notre éditeur (que mille dieux bienveillants le comblent de bienfaits) sera assuré du triomphe de ce livre-ci.

En attendant, lesdits chapitres peuvent être commandés directement chez les auteurs, sous forme de polycopiés de cours, à raison de 80 F par chapitre + 20 F de participation aux frais d'envoi. Attention : si vous souscrivez à cette offre dans les 10 jours, vous recevrez en plus **en cadeau** une splendide photo dédicacée.

Nouvelle liturgie de l'année civile

Avec le progrès de la stupidité, de nouveaux rituels sont venus remplacer les anciens. Ce sont eux désormais qui rythment l'année.

Ce livre est fier de vous en donner, pour la première fois, une liste. Bien que non-exostive, elle vous permet de savoir en gros à quel moment de l'année on se trouve. Nous disons bien en gros.

Il ne s'agit pas de vous dire ce qui se passe avec la précision de votre montre à quartz.

Il s'agit plutôt d'un aide-mémoire, pour vous rappeler pourquoi, à tel moment de l'année, les gens font exactement comme vous, par centaines de mille, alors que vous n'aviez rien dit à personne, même pas à vous : c'est que vous êtes en période de fête, et vous l'aviez oublié. De même à quel moment exactement votre enfant pourra aller voir la seule vache laitière de sa vie porte de Versailles, voilà des données irremplaçables.

Jadis, ce retour répétitif des cérémonies était assuré par les églises. On ne risquait pas de l'oublier, sous peine de bûcher. Les Eglises sont en net recul d'inventions et d'initiatives[1], actuellement par rapport aux hypermarchés et aux journalistes, malgré leurs efforts pour jouer, comme en Angleterre, sur le sexe.

Un conseil : gardez soigneusement cette liste ; son rôle est irremplaçable pour les professionnels comme pour les sans-abri, pour tous ceux qui veulent conserver ce sens si poétique du cycle des saisons[2].

1. Inutile de nous écrire pour protester, les chiffres parlent : le dernier concile remonte à des numéros de *Paris Match* introuvables, les derniers jours exceptionnels de soldes étaient hier, les prochains sont aujourd'hui et demain. Et mercredi, c'est une surprise, mais on peut vous le dire : Johnny se remarie, cette fois c'est officiel.

2. Vous pouvez les encadrer. Nous pouvons précisément vous

Niveau National – Fêtes à peu près fixes

Janvier-février	Saint Boudin Blanc et Saintes Huîtres ; Saints restaurants du Cœur ; Sainte allocution présidentielle ; Saint Gâteau des Rois, Saint Rallyes d'Hiver ; Saint Blanc et Literie ; Saintes Collections Haute Couture d'Eté ; Saintes Remontées Mécaniques ; *Les saints honorés de la saison :* Sainte Amnistie de Clairvaux et Prisons bourrées
Février-mars	Saintes Inondations (ou intempéries) ; Saints embouteillages de Savoie ; Saint Salon Du Livre ; *Les saints honorés de la saison :* Saint Rosny, Sainte Dissipation des Brumes matinales
Mars-avril	Saint Week-end de Pâques ; Saint Ballon Ovale & Sainte Cuillère de bois ; Saints créateurs de Mode d'Hiver ; Saint Muguet [1] ; Sainte Allocution présidentielle
Avril-mai	Saints Ponts de Mai ; Saint Mixer des Mères ; Saint Gadget des Pères ; Saint Sicob ; Saint Week-end de Pentecôte
Mai-juin	Saintes Manifs unitaires (afin que l'on n'oublie jamais) ; Sainte Palme d'Or ; Saint Roland Garros ; Saint Ballon Rond ; Saint Festival de Deauville

faire profiter d'une offre exceptionnelle, un lot de superbes cadres pleine imitation galuchat, format variable d'environ 23,50 x19,225, pour un prix à peine croyable. N'hésitez plus. Une réduction de 35 % si vous répondez tout de suite. Offre valable dans la limite des stocks disponibles. Nous écrire.

1. Il vient de plus en plus tôt. Des études récentes ont calculé qu'en 2158, le muguet du premier mai tomberait un 2 janvier.

Juin-juillet-août	Sainte Heure d'été (avec débat) ; Saintes Heures du Mans ; Saint Tour de France ; Saint Défilé des Champs-Elysées ; Sainte Allocution présidentielle ; Saint Passage du Perthus ; Saint feuilleton de l'été [1]) ; Saintes Huiles Solaires ; Saint Tube d'Eté ; Sainte Haute Couture d'Hiver prochain ; Sainte Nappe Phréatique ; Saint Dernier Délai Pour le Tiers Provisionnel *Les saints honorés de la saison :* Saint Canadair de la Désolation ; Sainte Libido ; Sainte Amnésie et Capote [2]
Septembre	Saint Cartable et Saint Crayon ; Saint Bilan Touristique des Cafetiers et Limonadiers ; Saint Beaujolais Nouveau ; Sainte Allocution présidentielle *Les saints honorés de la saison :* Saint-Lazare des Pas Perdus (intercesseur des grèves de banlieue)
Octobre et au-delà	Saint Goncourt et apparentés ; Saints Créateurs de Mode d'Eté prochain ; Saintes Hécatombes de la Toussaint ; Saints Sans-Abri ; Sainte Trêve des Confiseurs ; Saint Boudin Blanc (retour) *Les saints honorés de la saison :* Saint-Pierre Abbé

Fêtes à célébrer tous les soirs

Saint-Canasson, Saint Bilto, Saint Gillot-Pétré & apôtres.

1. *Les cœurs des oliviers brûlés, Fraude fiscale à l'*O.M.*, Situation de guerre au Proche-Orient, l'Autoroute et le député,* en alternance.
2. Vous direz la prière : « En vacances, j'oublie tout sauf le préservatif ».

Quêtes organisées deux fois par semaine

Au profit de Saint Numéro Complémentaire.

Fêtes à célébrer tous les 4 Ans

Mundial de football, jeux Olympiques, Jeux paralympiques, jeux gaylimpiques, jeux Olympiques d'hiver, jeux paralympiques d'hiver, jeux gaylimpiques d'hiver, Elections législatives, élections législatives d'hiver, Elections parlaégislatives, élections gaygislatives, etc. En alternance (ce qui fait qu'on en arrive à peu près à une par semaine).

Fêtes à célébrer de temps en temps

Elections cantonales, municipales, Sainte Prostate de Cochin (obligatoire une fois par président depuis la Ve République[1]), Nuit présidentielle du Sondage Honeywell-Bull, Référendum.

Ces fêtes ne peuvent se prévoir longtemps à l'avance, leur programmation change tout le temps. Pour ne pas les rater, surveillez la déprogrammation de dernière minute du *Gendarme de Saint-Tropez* dans votre Télé-guide-Habituel.

1. Certains prétendent que c'est pour ne pas avoir sacrifié à Sainte Prostate de Cochin que Georges Pompidou s'est mis à enfler de partout. L'information serait à prendre au conditionnel.

Aide-mémoire Fêtes mobiles mobilisant les Grandes Emotions

Catastrophes naturelles mobiles	à prévoir
Saints Boeings ou Airbus tragiques, téléskis, autocars, carambolages, téléphériques, périphériques, barrages, centrales nucléaires tragiques	Couvertures et dons en espèces
Sainte formule 1	Discussion de restaurants d'entreprise
Sainte arrestation de Grand Terroriste International responsable des 1054 derniers attentats contre le pape	Achat du livre paraissant le lendemain
Sainte capture de forcenés barricadés chez eux avec un fusil à pompe, grâce à l'intervention divine du GIGNinja	Discussions en famille pour ou contre la peine de mort
Sainte Identification de la ravisseuse d'enfant grâce au concours actif de toute la population de la communauté économique européenne	Avis de recherche télévisés. Dépositions téléphoniques spontanées
Sainte augmentation de l'essence [1]	Processions à la pompe
Saints grands hommes subitement disparus à 82 ans	Rien
Saints médiatiques subitement disparus à 82 ans	Un souvenir ému

1. Cette fête n'est pas listée parmi les malédictions (voir plus loin), parce qu'il faut bien que tout le monde roule. Et puis c'est l'occasion joyeuse de dire à la pompe, avec son bidon « il faut bien que je roule, alors... » Des études récentes ont montré que des fêtes du cinquantenaire de la première augmentation de l'essence rencontreraient un accueil favorable, le jour où le prix du litre d'essence parviendra à dépasser celui de la voiture.

Saints médiatiques subitement disparus à 52 ans	Achat de la compil en C.D.
Saints médiatiques subitement disparus à 32 ans	10 mois de lecture magazine
Saints médiatiques subitement disparus depuis 2 ans	Un cierge
Sainte grève simultanée des six chaînes pendant plus de deux heures	Dépression nerveuse – achat d'un livre

Aide-mémoire des Grandes Malédictions

Nous les livrons sans commentaires. Offre non contractuelle. Cette liste est susceptible de varier selon la conjoncture.

Maudit délit d'initié
Maudit détourneur de biens sociaux
Maudit corrupteur de footballeurs
Maudit Juge acharné à la perte des Justes Défenseurs du Football
Maudit sida
Maudit grève d'Air Inter avant la Pentecôte
Maudit(e) ravisseur(seuse) d'enfants
Maudite pollution des plages
Maudites pluies acides
Maudite sécheresse
Maudite pluie
Maudite neige
Maudite absence de neige[1]
Niveau local

Fêtes mobiles (indatables)

Surveillez bien ces événements :

Saints jours exceptionnels, Soldissimes, Jours en or, Anniversaire de la Promotion des Prix Ecrasés. Saints 10 pour 100.

1. Les quatre dernières Malédictions sont quelquefois un peu difficiles à repérer par soi-même. On vous signalera à la télé ce qu'il faut en penser.

Tableau de prévention des excès de stupidité

Soyons stupides, c'est entendu, mais pas à tombeau ouvert. Ne dépassons pas les limites de la vie en société. Comme toutes les excellentes choses d'aujourd'hui[1], la stupidité doit s'apprécier et se consommer avec modération.

Le tableau ci-dessous est en quelque sorte votre ceinture de sécurité. Si vous allez trop loin dans la stupidité, il vous arrête et vous protège.

Voici donc quelques excès à éviter pour rester stupide dans la limite des places disponibles.

1. La voiture, l'alcool, la télé, Claire Chazal à la télé, par exemple. Séparément et modérément, cela ne peut faire que du bien. Mais suivre Claire Chazal dans la télé compacte de votre voiture, en route sur l'autoroute à plus de 180, après ingestion de plus de trois litres de whisky, cela dépasse les bornes de sécurité.

Vous avez entendu...	**Il fallait entendre...**
Alain Juppé a une tête de réformé	Pierre Juquin est à la tête des réformateurs
Le fouet de Paul Préboist	Le Foué de Paul Prédault
Edouard Balladur racole dans les sondages	Edouard Balladur caracole dans les sondages
On a corrigé Patricia Allémonnières	En données corrigées des variations saisonnières
Le télescope de mon Paul Amar	Le télescope du mont Palomar
L'opium du peuple	L'opinion du peuple
La chaise percée du pape	Le Saint-Siège
Le sinistre quartier de Madelin	Le sinistre cartel de Medelín
Augmentation des effectifs à l'E.D.F.	Augmentation des S.D.F.
Une dépression de plusieurs millibars	Une crise de plusieurs milliards
Un déficit de plusieurs milliards	Un déficit de plusieurs milliards
Des solutions pour l'emploi	Des propositions pour l'emploi
L'affaire du caramel d'Auschwitz	L'affaire du Carmel d'Auschwitz
Le ministre de la Santé est en prison	Le ministre de la Santé visite les prisons
Le ministre des prisons est en pleine santé	La prison de la Santé est pleine de ministres
Un accro de l'alpinisme	Mazo de la Roche
Une rage de dents	Une tragédie de Racine
Les flans au four de l'Alsacienne	L'Arlésienne a fait un four
L'ambassadeur est dans l'escalier	Les négociations sont dans l'impasse
Lang et Dubois	Langue de bois
Chantal Goya fait un malheur	Dorothée bis

L'augmentation du service militaire	L'augmentation des services Minitel
Sciences pipo	Sciences-Po
Un terroriste anonyme	Le Soldat inconnu
La tante a été revendiquer ce matin	L'attentat a été revendiqué ce matin
Concerto de Ravel en solde	Concerto de Ravel en *sol*
Quatre mains sur une queue	Œuvres à quatre mains pour piano à queue
Le ministre des Finances prend sa com.	Le ministre des Finances saisit la C.O.B.
50e anniversaire de l'écrasement des prix	50e anniversaire de la libération de Paris
La théorie du K.-O.	La théorie du chaos
Terroriste depuis 50 ans	Agitateur culturel depuis 1954
Leader dans la Transatlantique à la voile	Staphylocoque
Cosaque, effraie-moi	Tartare, fais-moi frais
Détartre et désinfecte en récurant	Récure et désinfecte en détartrant
Bernard Tapie ne s'est pas présenté au bac	Bernard Tapie ne s'est pas présenté à la mise en examen
Dans la nouvelle Mercedes, la capote est à mettre avec des gants	Vous êtes nouvelle, Mercedes : les capotes sont dans la boîte à gants
Chez nous *Les Visiteurs* ont fait trois millions d'entrées	Les visiteurs qui sont entrés chez nous ont emporté trois millions
Ce crapaud de Batista a pris la fuite	Crapoto basta fuit
Lessive	Pour un blanc super-ultra compact enrichi avec raviveur de couleurs qui donne la liberté aux femmes
L'émouvante charité des 3615	L'émouvante charité des franciscains
Violation de domicile	Profanation de sépulture

Et bonne route !...

Les dix degrés de

Degré	Exemple	Durée et nombre de véhicules
Degré 1	Blocage de votre chemin vicinal de résidence secondaire par ce con qui est votre voisin et que vous ne pouvez pas sacquer.	5 minutes – 2 véhicules.
Degré 2	Blocage de votre rue par le camion de livraison du quincaillier.	5 à 19 minutes – de 3 à 6 véhicules.
Degré 3	Blocage du quartier par collision entre le livreur du quincaillier et la camionnette Darty venue réparer le téléviseur du 5e étage.	20 à 55 minutes – 60 véhicules.
Degré 4	Blocage du quartier et des deux avenues qui le desservent, par suite d'intervention des forces de police après le pugilat entre la camionnette Darty et le quincaillier, secouru par deux témoins.	56 minutes à deux heures trente – 600 véhicules.
Degré 5	Blocage partiel du périphérique parce que ça roule plus depuis le triangle de Rocquencourt jusqu'à la patte-d'oie d'Herblay.	Deux heures quarante-cinq – De 3 500 à 30 000 véhicules.
Degré 6	Blocage total du périphérique dans les deux sens, à la suite de la rencontre des poissonniers en colère avec le tour de France.	Deux jours – de 35 000 à 70 000 véhicules.

l'échelle de Bison futé

Mesures	Espoir de médiatisation
Aucune.	Non.
Aucune (« Je travaille, moi, eh papa »). Et le livreur est gros.	Faible. (Sauf altercation suivie de votre hospitalisation).
Intervention de l'agent du coin, en simple spectateur.	Faible. Procès-verbal pour stationnement prolongé.
Intervention du commissariat de l'arrondissement. Bouclage du quartier par le G.I.G.N.	Un communiqué sur FIP. Un reportage sur Soir 3 de 19-20 heures. Possibilité de micro-trottoirs.
Création d'un P.C. de crise. Organisation des premiers secours aux asphyxiés sous les tunnels.	Un communiqué sur FIP toutes les trois minutes. Un reportage au 20 heures sur les deux chaînes principales. Forte possibilité de statistiques, d'interviews du ministre des Transports et d'un capitaine de gendarmerie à Rosny-sous-Bois.
Déplacement en personne du maire de Paris (sa voiture s'ajoutant aux deux mille déjà immobilisées) ; survol de la situation par le Premier ministre en hélicoptère du GLAM.	Création d'un secrétariat d'Etat aux embouteillages. Forte probabilité d'interviews des coureurs et du responsable de la coordination. Quelques micro-trottoirs des blessés n'appartenant ni à l'un ni à l'autre des deux camps. Priorité aux propriétaires de voitures incendiées.

Degré 7	Grève générale des chemins de fer ; des conducteurs d'autobus un lundi de Pentecôte avec fortes chutes de pluie.	Une semaine : de 150 000 à 300 000 véhicules.
Degré 8	Grève générale des chemins de fer ; des conducteurs d'autobus et des aiguilleurs du ciel le vendredi précédant la Pentecôte, avec chutes imprévues de grêle et de neige.	Quinze jours, et un mois de bilan. Non chiffré.
Degré 9	Blocage des itinéraires vers les stations de sports d'hiver sur 250 kilomètres entre Bondoufle et Bourg-d'Oisans, le lendemain d'une inondation suivie de glissement de terrain vers Modane, et la veille d'une chute de neige record sur l'ensemble du territoire.	Un mois et plus. Non chiffré.
Degré 10	Immobilisation totale de toutes les automobiles du territoire à la suite d'une explosion de centrale nucléaire dans le Tricastin causée par les bavures consécutives aux revendications musclées des viticulteurs inondés barrant la route des vacanciers de février, le tout préludant à une attaque surprise des forces du pacte de Novossibirsk.	Non chiffré.

Déclaration du Premier ministre, et télégramme de condoléances aux veuves des premiers noyés.	Nombreux micro-trottoirs d'usagers ; priorité à ceux perdus entre Villeneuve-Saint-Georges et Rungis la nuit, sous la pluie, sans chaussures.
Allocution du président de la République, de retour précipité de Solutré. Intervention des chars. Reportage sur le blocage des chars par les cheminots. Intervention du ministre de la Défense.	Reportage de trente minutes sur un cas modèle (aiguilleur du ciel rentrant à pied, ses valises de vacances sur la tête, grièvement blessé par un conducteur d'autobus).
Organisation d'une gigantesque chaîne de solidarité, présidée et animée en chansons par Line Renaud. Mise en examen de Bison futé pour faute professionnelle. Nomination d'un M. Pneu-Neige, si possible de couleur. Création de chapelles ardentes.	Certitude d'interviews de sinistrés emmaillotés de couvertures de l'armée, et de petits nourrissons vagissant à côté d'une Thermos. Nombreuses images sans commentaires. Communiqués électroniques défilant horizontalement sur l'écran pendant toute la soirée spéciale. Multiplex avec Washington et Saint-Pétersbourg pour les répercussions à l'étranger.
Exécution sommaire des membres du gouvernement non encore en fuite (à pied). Exode massif de la population de Paris et de la couronne. Pillages. Embouteillage du plateau d'Albion, par suite d'une grève des cantonniers de Gordes (Vaucluse).	Aucune. Radios et chaînes d'Etat entièrement meublées par de la musique de chambre et des variétés en alternance, sur fond de mire. Stations périphériques et radios locales muettes (sauf N.R.J., qui assure toujours le hit-parade).